Dr. med. Heinrich Klaus

Meditieren
für Einsteiger

Bassermann

Give your brain a break! Meditate!

Persönliche Vorbemerkung

Schon mein Vater war Arzt – genauer gesagt: Chirurg –, und der heimische Esstisch war mein Lehrsaal. Allerdings regten sich in mir erst Zweifel und dann Widerspruch gegen seine Form von (Reparatur-)Medizin. Ich wollte nicht primär das Magengeschwür herausschneiden, ich wollte lieber herausfinden, warum der eine daran leidet und der andere nicht. Außerdem interessierte mich viel mehr, ob sich Krankheiten nicht verhindern oder auf andere Weise heilen ließen als mit Pillen und Skalpell.

Ab da begann meine Suche nach alternativen Methoden, die den Menschen heil, auch im Sinne von ganz, machen könnten. Schon während meiner Studien in Medizin, Psychosomatik und Psychotherapie wandte ich mich den verschiedenen Heilweisen in Ost, West, Nord und Süd zu. Das Reisen und Leben im Nahen und Fernen Osten brachte mich mit Meditationstechniken von Muslimen, Hindus und Buddhisten in Kontakt. In den USA durfte ich von den Indianern lernen, und die christliche Praxis war mir von Haus aus vertraut. Anfänglich profitierte ich von körperbezogenen, aktiven Meditationstechniken, mit denen ich den Dis-Stress – im Gegensatz zum Eu-Stress der negative Stress – von Medizinstudium, Klinikarbeit und westlichen Denk- und Lebensweisen aus mir herausschüttelte. In jeder weiteren Lebensphase suchte ich und fanden mich diejenigen Methoden, die mir bei den nächsten Schritten behilflich waren.

In meiner mehr als 40-jährigen Praxis als Arzt, Therapeut, Sucher und Lehrer habe ich die unterschiedlichen Herangehensweisen studiert und gemeinsam mit anderen Menschen praktiziert; sie dienen dazu, sich auch in herausfordernden Situationen zentrieren können. Mit diesem Buch will ich das mit Ihnen teilen, was ich nützlich gefunden habe und was sich in Hektik und Stress des Alltags über die Jahre praktisch bewährt hat.

Heinrich Klaus

1 BASISKURS MEDITATION

Eine Methode für den Alltag

Hunderte von Achtsamkeits- und Meditationsschulen wetteifern miteinander, Tausende von Lehrern, Priestern und Gurus bieten ihre Dienste an, und Millionen Menschen sind auf der Suche. Während die einen nach Erleuchtung streben, suchen die anderen nach einem Weg, sich den Alltag zu erleichtern. Schon im 9. Jahrhundert befand ein unbekannter tibetischer Mönch, Meditation solle zur »Verbesserung des alltäglichen Lebens« führen. Und genau dies hat dieses Buch im Sinn: Wer bislang glaubte, Meditieren sei nur etwas für Menschen, die sehr viel Zeit haben, irrt. Dieses Buch gibt auch Vielbeschäftigten Übungen an die Hand, die sie problemlos in den Alltag integrieren können.

Zahlreiche gesundheitliche Vorzüge

Mittlerweile ist wissenschaftlich erwiesen, dass Meditation wirkt und nützt. Tatsächlich profitieren fast alle Lebensbereiche – sei es Arbeit, Liebesleben oder Gesundheit – vom Meditieren. In der über 5000-jährigen Geschichte der Meditation konnte ein erstaunliches Wissen über die Funktionsweise des Verstandes zusammengetragen werden – teilweise detaillierteres Wissen, als die Psychologie in 100 Jahren liefern konnte. Heute ergänzen sich beide Richtungen und beweisen, dass und warum meditative Übungen wirken.

Die moderne Forschung gibt mithilfe immer genauerer bildgebender Verfahren wie der Magnetresonanztomografie (MRT, manchmal auch als Kernspin bezeichnet) erstaunliche Einblicke in unser Gehirn. Und so hat man auch Mönche, Yogis und Meditierer verschiedenster Richtungen dieser Untersuchung unterzogen, hat ihnen Blutproben entnommen, sie an den Elektroencephalografen (EEG) angeschlossen und dabei Folgendes herausgefunden:

- Meditieren erhöht die Produktion körpereigener Opiate und den Endorphinspiegel im Blut. Diese »Wohlfühlhormone« docken an die Opiatrezeptoren im Gehirn und in Körperzellen an und lindern so Schmerz und Erregung. Unter Meditation kommen die Hirnwellen des Ausübenden sehr schnell in den sogenannten Alpha-Zustand, in den Zustand tiefer Entspannung.
- Meditieren erhöht Wachheit, Klarheit und Achtsamkeit, weil das Gehirn lernt, wichtige Reize von unwichtigen zu unterscheiden und die unwichtigen fallen zu lassen.
- Meditieren fördert die Neubildung sogenannter Dendriten, Nervenenden, im Gehirn. Damit erhöht sich die Vernetzung der Hirnzellen untereinander, und es werden neue Wege gebahnt. Das Gehirn lernt und verändert dadurch seine anatomische Struktur. Bei Stress hingegen schrumpfen die Nervenfortsätze in vielen Hirnarealen und wachsen nur in den Angstzentren, wo sie sich besonders stark vernetzen.
- Meditieren lässt nachweislich diejenigen Hirnareale wachsen, die für folgende Gefühle, Gedanken und Handlungen zuständig sind: für Körperwahrnehmung und Bewegungssteuerung, für Gefühlsregulation und Umlernen bei unangenehmen Erfahrungen, für die emotionale Bewertung von Situationen und Reaktionen, für die Gefühle von Präsenz, Freude und Verbundenheit, für die Fokussierung und Aufrechterhaltung von Aufmerksamkeit sowie für die Regulation der Atmung und des Kreislaufs.
- Meditieren erhöht die Leistung des Immunsystems.
- Meditieren verbessert das zwischenmenschliche Miteinander, weil es Empathie und Hilfsbereitschaft fördert.
- Meditieren schafft eine Distanz zu schwierigen Situationen und vergrößert damit die Freiheit über das eigene Denken und Handeln.
- Im Meditieren können wir erleben, wie sich neue Räume auftun – als lebten wir schon lange in einem Haus, ohne zu wissen, dass es über unbekannte Zimmerfluchten verfügt.

Unmittelbares Erfahren und Erleben

Eigentlich ist das Wort »Meditation« ein Missverständnis. Es kommt aus dem Griechischen bzw. Lateinischen und bedeutet so viel wie über etwas nachsinnen. Doch genau das Gegenteil bezeichnet das Sanskritwort »Dhyan«, nämlich NICHT nachdenken, frei von Denken! Nun werden die Skeptiker sicherlich einwenden: Aber wir denken doch andauernd, sogar im Schlaf, wenn wir träumen.

Dies ist ein typisch westlicher Einwand, denn mit Nicht-Denken meint Dhyan die Welt des unmittelbaren Erfahrens und Erlebens. Und dieses Erleben wird im Abendland oft in abstrakte Worte umgewandelt, in ein (Wert-)Urteil über die Welt da draußen. Worte aber sind nicht die Dinge, die sie bezeichnen. Wenn wir ein Erlebnis mit Worten schildern, schaffen wir eine Fiktion.

Das Wahrgenommene auf sich wirken lassen

Zur Verdeutlichung ein Beispiel: Als ich eines Abends mit einer Begleiterin aus einem sommerlichen Biergarten kam, ging just in diesem Augenblick die Sonne mit einem so grandiosen Farbspiel über der Stadt unter, dass wir innehielten und das Schauspiel staunend, ergriffen und schweigend beobachteten. Kommentare wie: »Ist das nicht ein prächtiger Sonnenuntergang?« wären völlig überflüssig gewesen. Es bedurfte keiner Worte. Im Gegenteil: Durch die Lücken, die die Abwesenheit der Worte uns ließ, konnte die existenzielle Wucht des Erlebnisses zu uns durchdringen. Das ist Dhyan!

Darin, das Erlebnis angenommen zu haben, lag Freude und Erholung. Übrigens nahm sich keiner der anderen Vorübergehenden mehr Zeit für diesen grandiosen Sonnenuntergang als einen flüchtigen Blick oder einen kurzen Kommentar. In der östlichen Welt wusste man schon immer um dieses direkte Erleben, um die Wahrnehmung der äußeren Welt bis hin zum Kosmos im eigenen Inneren.

Alles kann Meditation sein

Wie die Medizin inzwischen eindrucksvoll beweisen kann (siehe S. 8f.), hilft Meditieren bei der Bewältigung von Alltagsstress und den damit verbundenen körperlichen und psychischen Symptomen, etwa bei Bluthochdruck oder Ängsten sowie depressiven Verstimmungen.

Oft ist unser Alltag dadurch gekennzeichnet, Dinge möglichst schnell und effektiv zu erledigen. So befinden wir uns entweder in der Vergangenheit – »Hätte ich dieses und jenes nicht vergessen« – oder aber in der Zukunft – »Ich muss noch dieses und jenes tun« –, selten aber in der Gegenwart, im Hier und Jetzt. Der Verstand quasselt ununterbrochen. Und da sollen Sie noch Zeit zum Meditieren finden?

Schon allein die Frage ist falsch gestellt. Denn Meditieren ist nichts, das wir auf unserer To-do-Liste abhaken müssten, nichts, das erledigt gehört. Vielmehr kann alles, was wir mit unserer vollen und bewussten Aufmerksamkeit tun – sei es die Zähne putzen, den Tisch decken, die Schuhe zubinden oder andere alltägliche Verrichtungen –, zu einer Meditation werden. Meditieren ist eine Sache der Einstellung.

Mehr Wahrnehmung im Tagesablauf

Sobald der Verstand etwas gut gelernt hat, legt er es unter Routine ab und hat damit die »guten, alten Gewohnheiten« geschaffen. Von da an läuft das Zubinden der Schuhe oder das Fahrradfahren wie von selbst, auf Autopilot. Nun aber hat der Verstand nichts mehr zu tun; er langweilt sich, lenkt sich ab und geht gedanklich auf Reisen. Darüber aber vergessen wir oft die Lebendigkeit des Augenblicks, auch wenn wir uns in diesem Augenblick »nur« die Schuhe zubinden.

Die Übungen in diesem Buch sollen Sie dazu verführen, wieder in die Lebendigkeit des Moments einzutauchen und frische, nutzbringende

Denk- und Verhaltensentwürfe so lange zu verinnerlichen, bis sie zu einer besseren Routine geworden sind als die alten Gewohnheiten. Bringen Sie die Frische zurück in Ihr Leben und lassen Sie störend und hemmend gewordene Muster hinter sich. Widmen Sie sich alltäglichen Verrichtungen von nun an mit Geduld, Aufmerksamkeit und neuem Enthusiasmus – Sie werden sehen, wie belebend das ist!

Was Sie zum Meditieren brauchen

Meditieren lässt es sich überall und zu jeder Zeit – im Flugzeug ebenso wie zu Hause oder in der Warteschlange an der Supermarktkasse. Im zweiten Teil dieses Buchs, »Meditieren im Alltag« (siehe S. 40ff.), finden Sie eine Reihe von Vorschlägen, wie Sie das Meditieren auch in einem vollen Terminkalender unterbringen können. Und Sie werden bestimmt noch viele weitere Gelegenheiten entdecken, Ihr Leben mit mehr Aufmerksamkeit zu bereichern.

Meditieren sollte und kann einfach sein – besonders für Vielbeschäftigte. Lange Vorreden sind deshalb nicht nötig, bevor Sie mit der Basisatmung (siehe S. 15ff.), unserer Grundlage des Meditierens, beginnen können. Ergänzende Hinweise für die Praxis, die Sie beim Meditieren noch zusätzlich unterstützen können, sind ab Seite 18 zusammengestellt.

Auf der Audio-CD, die diesem Buch beigelegt ist, finden Sie einige der Übungen, die auch im Buch beschrieben werden. Dabei handelt es sich um Kurzmeditationen für zwischendurch, um körperliche Übungen, die Ihnen dabei helfen können, den Verstand abzuschalten und sich urteilsfrei zu beobachten und wahrzunehmen, oder auch um längere geführte Visualisationen. Ist eine der Meditationen in diesem Buch auch auf der CD zu hören, steht an entsprechender Stelle ein Hinweis. Besonders am Anfang kann das Üben mit CD sehr hilfreich sein.

Die Zeit, die Sie sich für die Meditation nehmen, ist eine Zeit nur für Sie. In dieser Zeit sollten Sie sich möglichst wenig stören lassen, insbesondere nicht von äußeren Faktoren. Schaffen Sie sich also einen Platz, an dem Sie sich wohlfühlen und an dem Sie ungestört sind. Schalten Sie wenn möglich Klingel und Telefon ab, auch Laptop und Fernseher haben an diesem Platz nichts zu suchen. Ob Sie sich bei der Meditation von Musik begleiten lassen wollen, entscheiden Sie selbst. Sie sollte Sie jedoch nicht ablenken.

»Fragen Sie Ihren Arzt oder Apotheker«

Es gibt nur wenige Situationen, in denen Meditieren unerwünschte Nebenwirkungen zeigen könnte. Dies wären beispielsweise Zeiten, in denen Sie emotional sehr aufgewühlt sind. Obwohl Sie Geistesgegenwart in solchen Situationen sicherlich gut gebrauchen könnten, leidet Ihr gesamtes System vermutlich so stark, dass an Achthaben und Innehalten kaum zu denken sein wird. Erst wenn sich die größten Böen des Sturms gelegt haben, wird es Ihnen wieder gelingen, auch andere Gedanken, Stimmungen und Gefühle wahrzunehmen.

Rücksprache mit ihrem Arzt oder Therapeuten sollten all diejenigen halten, die in psychiatrischer Behandlung sind. Auch Menschen mit einer Neigung zu Depressionen sollten sich beraten und begleiten lassen – vor allem dann, wenn die Übungen Symptome auslösen oder verschlimmern. Schwere Schmerzzustände und Erkrankungen gehören in die Hände erfahrener Mediziner, bevor die Genesung durch Meditation und andere alternative Heilmethoden ergänzt und unterstützt werden kann.

Diejenigen unter Ihnen, die Perfektionismus und Kontrolle lieben, mögen diese hohen Ansprüche herunterfahren. Sonst geraten Sie womöglich in die paradoxe Falle des Willens, der den Willen auflösen will.

Das Schönste im Leben: der Moment

Obwohl Goethes Faust sich wünscht: »Könnt ich zum Augenblicke sagen, verweile doch, du bist so schön«, können wir den Augenblick allzu oft nicht genießen, ja noch nicht einmal bewusst wahrnehmen. Da erzählt die sechsfache Medaillengewinnerin im Interview davon, wie sie auf dem Siegertreppchen steht, die Nationalhymne erklingt, die Zuschauer ihr zujubeln … und sie bereits wieder an die Schwierigkeiten des nächsten Wettkampfs denkt. Oder ein alltäglicheres Beispiel: Da sitzt man auf der Terrasse, die Sonne scheint, die Vögel zwitschern … doch wir denken schon wieder an den morgigen Tag, für den der Wetterbericht Regen vorhergesagt hat. Dabei ist es nur der Augenblick des Jetzt, der zählt; nur dieser Moment bringt uns Glück und Zufriedenheit, nur die Gegenwart können wir wirklich genießen. Meditation schaltet – mit ein wenig Aufmerksamkeit – auf Zeitlupe; sie dehnt den Augenblick aus und macht ihn dadurch leichter erfahrbar.

Ein Forscherteam beobachtet 45 Minuten lang einen Stehgeiger in einem U-Bahn-Aufgang in den USA, der Kantaten von Bach spielt. Die Menschen hasten vorbei, nach sieben Minuten verlangsamt ein Passant seine Schritte, lächelt, zögert und entschließt sich dann doch weiterzugehen. Nach zehn Minuten liegt die erste Münze im Hut. Mehrfach wollen Kinder stehen bleiben, werden aber von den Eltern weitergezerrt.

Nach 45 Minuten beendet der Geiger sein Spiel und zählt 37 Dollar Einnahmen. Keiner der Vorübergehenden war stehen geblieben, keiner hat Kontakt aufgenommen. Niemand hat bemerkt, dass es sich bei dem Musiker um den weltberühmten Ausnahmegeiger Joshua Bell handelt, der dieselbe Musik am Vortag für 100 Dollar pro Konzertkarte in der Philharmonie dargeboten hatte.

Der Basisatemzug

Für all diejenigen, die glauben, Meditieren erfordere besondere Fähigkeiten und jahrelange Übung, habe ich eine gute Nachricht: Meditieren geht ganz einfach! Alles, was Sie am Anfang dafür brauchen, sind Ihre Aufmerksamkeit und 20 Sekunden Ihrer Zeit – denn so lange dauert ein tiefer Atemzug mehr oder minder. Wir sprechen von einem Basisatemzug, der kleinsten Einheit der Meditation.

Die Atmung stellt die Brücke vom Bewusstsein zum Unbewussten dar. Einerseits funktioniert sie ganz automatisch: Ob im Schlaf oder in einer Ohnmacht, der Körper atmet automatisch weiter. Diesen Teil der Atmung regelt die Weisheit des Körpers selbstständig, ohne dass wir uns bewusst damit befassen müssten, ohne unser willentliches Zutun, also unwillkürlich. Wir können die Atmung aber durchaus auch willentlich beeinflussen, etwa in ihrer Tiefe, Frequenz und Qualität. Wir können durch Nase, Mund oder beides atmen, den Brustkorb bis zum Platzen füllen, die Luft anhalten oder hecheln, bis Lippen und Finger zu kribbeln beginnen.

Grundübung zum Basisatemzug

Diese Übung finden Sie auch auf der beigefügten Audio-CD. Bitte nehmen Sie jetzt bewusst einen Atemzug. Wahrscheinlich wird Ihnen dies am Anfang gar nicht so leichtfallen; schließlich läuft das Atmen im Alltag unbewusst ab, und unsere Alltagsatmung ist eher flach.

Deshalb kann es nützlich sein, den Atemzug anfangs zu strukturieren: Atmen Sie bewusst ganz langsam ein und zählen Sie dabei in Gedanken bis fünf. Am Ende des Einatmens, am Umschlagpunkt, lassen Sie die Luft ebenso langsam wieder entweichen und zählen auch hier in Gedanken bis fünf. Passen Sie dabei die Schnelligkeit, mit der Sie zählen, dem momentanen Bedürfnis des Körpers an; Sie sollten weder außer Puste kommen noch die Atmung künstlich verändern. Nach der Ausatmung erlauben wir uns eine Pause, die ebenfalls ausgezählt wird. Diese ist oft länger als das Einatmen; deshalb stellt sich der Basisatemzug grafisch (siehe unten) auch eher wie ein Ei und nicht wie ein Kreis dar. Die Pause bildet das Kernstück der Übung, hier laden wir Stille ein. An ihrem Ende entsteht von selbst das Bedürfnis nach dem folgenden Luftholen, das wir dann bereitwillig akzeptieren. Forcieren Sie die Pause nicht – machen Sie das Ei also unten nicht zu breit – und holen Sie danach so natürlich wie möglich Luft. Viele Menschen finden es übrigens auch hilfreich, die Augen während der Übung ganz oder zumindest fast zu schließen.

Ein solcher rundum bewusst durchgeführter Basisatemzug stellt die kleinste Einheit dar, mit der wir Aufmerksamkeit und Bewusstheit wahrnehmen und einüben.

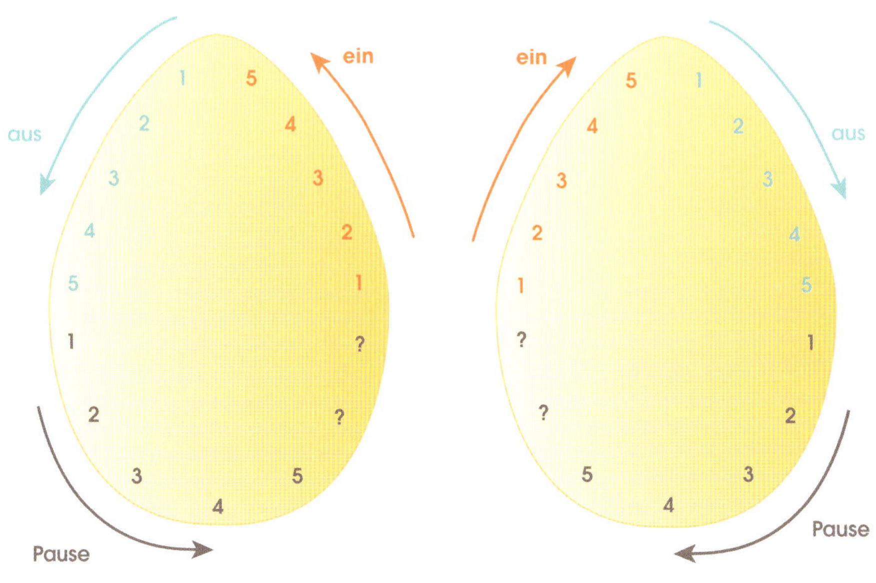

Der Basisatemzug in Eier-Form – im oder gegen den Uhrzeigersinn ausgeführt.

Sie können die Einatmung vor Ihrem inneren Auge im (siehe S. 16, rechtes Ei) oder gegen den Uhrzeigersinn (siehe S. 16, linkes Ei) beginnen lassen, ganz wie es Ihnen in diesem Moment leichter fällt. Ich selbst habe auch schon erlebt, dass meine Vorstellung mitten in der Übung die Richtung ändern wollte, was ich natürlich zugelassen habe.

Die Basiseinheit

Schenken Sie sich nun noch ein wenig mehr Zeit – nur so viel, wie Sie benötigen würden, um ein Ei weich zu kochen, also dreieinhalb Minuten. In dieser Zeit machen Sie zehn rundum bewusste Atemzüge nacheinander: Dies bezeichnen wir als eine Basiseinheit.

Grundübung zur Basiseinheit

Diese Übung finden Sie ebenfalls auf der beigefügten Audio-CD. Führen Sie nun nacheinander zehn Basisatemzüge durch und lassen Sie nach jedem Atemzug in der Ruhepause Stille einkehren und auf sich wirken. Registrieren Sie dabei freundlich alle Ablenkungen und Störungen, falls solche auftreten, und verzichten Sie auf Reaktionen und Bewertungen. Die Zeit, um ein Ei weich zu kochen, soll unsere allgemeine Zeitspanne werden, die wir meditierend verbringen, sozusagen unser »Kleingeld«. Wählen Sie als mittlere Herausforderung für Anfänger drei solche Basiseinheiten, die Sie nacheinander durchführen, also drei Mal zehn Wiederholungen des Basisatemzugs. Haben Sie sich auf diese Anzahl festgelegt, ist es vorteilhaft, sich auch an die eigene Abmachung zu halten. Manchmal mögen Sie das Bedürfnis nach einem weichen (eine Basiseinheit), ein anderes Mal nach einem sehr hart gekochten Ei haben (mehrere Basiseinheiten, siehe Abbildung S. 18).

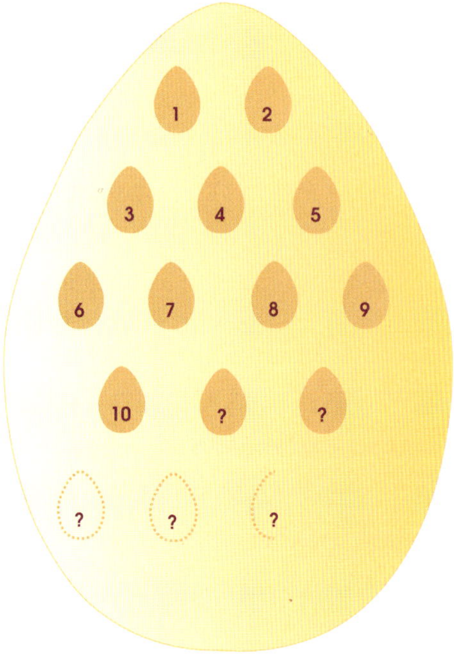

Eine Basiseinheit besteht aus zehn Basisatemzügen. Meditieren Sie eine oder mehrere Basiseinheiten und entscheiden Sie ganz nach Ihrem momentanen Bedürfnis.

Falls Sie der Zählerei überdrüssig werden, können Sie sie auch vorübergehend oder vollständig fallen lassen. Sie kann anfänglich ein gutes Hilfsmittel sein, um Sie – wie Leitplanken – in der Spur zu halten, aber es ist völlig in Ordnung, wenn Sie mit der Zeit auch ohne sie auskommen.

Hinweise für die Praxis

Im Folgenden finden Sie eine Reihe von Hinweisen, die Ihnen dabei helfen, die bewussten Atemzüge mit möglichst viel Genuss und Freude durchzuführen. Vielleicht weckt der eine oder andere Ihr besonderes Interesse. Oft sind genau diese Hinweise dann diejenigen, die für Sie persönlich hilfreich sind.

Noch ein kleiner Trick, um beim Zählen nicht durcheinander zu kommen: Nehmen Sie Ihre Finger zu Hilfe. Lassen Sie zunächst die Hände leicht geschlossen und strecken Sie dann bei jeder Runde einen weiteren Finger aus, bis alle Finger gerade sind. Wenn Sie zehn Mal zehn bewusste Atemzüge üben wollen, können Sie auch systematisch zählen: 1.1, 1.2 ... 2.1, 2.2 usw. bis 10.10.

Umgang mit Ablenkung

Wenn Sie schon einmal Yoga oder Meditation probiert haben, werden Sie wissen: Ablenkung gehört dazu. Plötzlich merken Sie, dass Sie nicht mehr zählen und auf Ihren Atem achten, sondern dass die Gedanken abschweifen. Sie werden abgelenkt, vielleicht von körperlichen Bedürfnissen, von Erinnerungen oder von Geräuschen aus der Umgebung.

Ablenkung ist völlig normal; es ist gewissermaßen die Aufgabe des Verstandes dazwischenzufunken (siehe S. 31ff.). Wichtig ist nur, wie Sie mit dieser Ablenkung umgehen. In erster Linie sollten Sie sich nicht ärgern, denn der Ärger würde Sie nur weiter davon abhalten, wieder auf Ihre Atmung zu achten. Gehen Sie stattdessen freundschaftlich mit dem Störenfried um – mehr dazu erfahren Sie ab Seite 24 – und setzen Sie das Zählen einfach dort fort, wo es – schätzungsweise – unterbrochen wurde. Nicht zuletzt ist der Umgang mit Ablenkungen auch eine Frage der Übung. Wiederholen Sie daher nun noch einmal die Übung »Eierkochen« (siehe S. 17f.); Sie werden sehen: Die Ablenkung nimmt immer mehr ab.

Beobachten und wahrnehmen

Eigentlich ist Atmen ein ganz natürlicher und automatisch ablaufender Prozess. Indem Sie ihn verlangsamen, ihn in einzelne Komponenten zerlegen und diese Bestandteile auch noch zählen, schaffen Sie einen Prozess der Bewusstwerdung: Sie werden zu Ihrem eigenen Beobachter. Das Beobachten schafft Distanz zu Körper, Gefühlen und Verstand. Sie sehen Ihrem eigenen Tun zu – so distanziert wie möglich. Wichtig ist, dass der Beobachter auf Kritik, Urteil und Bewertung verzichtet. Er nimmt nur wahr. Er spielt weder den Richter noch den kleinlichen, nörgelnden Kritiker, der ab und zu in unser aller Köpfen herummeckert. Wahrnehmen ist übrigens ein schönes Wort: Lernen Sie, die Wahrheit so zu nehmen, wie sie ist! So gelangen Sie aus dem Gestern und Morgen ins Hier und Jetzt.

Die innere Instanz des Beobachters

Machen Sie einmal folgenden kleinen Test: Sehen Sie auf eine Zeitanzeige mit Sekundenangabe (Armbanduhr, Smartphone etc.). Wie lange können Sie sich auf die ablaufenden Sekunden konzentrieren? Ab wann hat Ihr Verstand es geschafft, Ihre Konzentration von der Sekundenanzeige fortzulocken? Schon haben Sie Ihre Gegenwart und damit Ihre Realität für eine Fiktion, eine Vorstellung von Zukunft oder Vergangenheit verlassen. Wirken und handeln können Sie jedoch nur in der Gegenwart – in der Vorstellung können Sie zwar auf Probe handeln, aber nichts bewirken. Leben und handeln Sie also im Hier und Jetzt und erleben Sie Ihr Leben!

Blicken Sie nun wieder auf die Sekundenanzeige. Wie Sie wissen, ist die Frage nicht, ob Sie abgelenkt werden, sondern wann. Doch wer genau ist es eigentlich, der nach einiger Zeit feststellt, dass Sie abgelenkt wurden? Erstaunlicherweise Sie selbst: Der menschliche Verstand hat die einzigartige Fähigkeit, sich selbst beim Denken zu beobachten! Machen Sie sich mit dieser Instanz Ihres eigenen Beobachters vertraut (siehe S. 38).

Ärgern Sie sich nicht, wenn Sie sich nur wenige Sekunden auf die Anzeige konzentrieren konnten. Nehmen Sie das einfach freundlich zur Kenntnis. Was Sie vielleicht Rückschläge oder Fehler nennen würden, sind Lernprozesse, die Sie begrüßen und – wenn nötig – korrigieren sollten. Atmen ist keine Leistung; zumindest sollten Sie keine daraus machen.

Gähnen wie ein Löwe

Nicht ungewöhnlich ist es, wenn sich beim Meditieren das Bedürfnis einstellt, ausgiebig zu gähnen. Wir reißen den Mund weit auf, zeigen unsere Zähne und atmen geräuschvoll. Ein Löwe könnte es nicht besser machen, wenn er in der Savanne Zebras und Antilopen erschreckt. Dies ist jedoch kein Grund, sich aus der meditativen Stimmung reißen zu lassen: Zählen Sie ein Gähnen während des Meditierens einfach als Einatmen, dem ein schnelles Ausatmen mit einer intensiv langen Pause folgen kann.

Was uns zunächst als Störung oder Nebenprodukt der Atemübungen erscheint, kann eine eigene Meditationstechnik werden. Das Gähnen selbst hat nämlich zahlreiche Vorteile:

- Die Kaumuskeln werden gedehnt und entspannt; sie sind oft überlastet, da wir häufig die Zähne zusammenbeißen.
- Der größte Muskel im Körper, das Zwerchfell, wird ebenfalls gedehnt und entspannt.
- Beim Gähnen kneifen wir die Augen zu und pressen die Spannung aus den Augäpfeln.
- Wir recken und strecken uns und aktivieren erschlaffte Muskeln.
- Rechte und linke Gehirnhälfte werden wieder miteinander verknüpft; meist läuft ausschließlich die logisch-lineare, mathematische linke Gehirnhälfte auf Hochtouren.
- Falls das Gähnen Unmut und Langeweile ausdrückt, können Sie sich als wohlmeinender Beobachter im gelassenen Wahrnehmen üben.
- Ausgiebiges Gähnen ist wie eine Sauerstoffdusche für den Körper.
- Das Zeigen der Zähne kann auch als aggressive Geste verstanden werden und dient dazu, Ärger loszuwerden.
- Gähnen bringt uns in einen Zustand erhöhter Selbstwahrnehmung.

Fünfmal Gähnen bringt verbrauchte Energie sofort zurück – probieren Sie es gleich aus! Gähnen Sie fünfmal herzhaft und ohne höflich die Hand vor den Mund zu halten.

Gähnen Sie so oft wie möglich, das macht Sie wach und bringt Sie wieder ins Hier und Jetzt. Gute Gelegenheiten für ein herzhaftes Gähnen gibt es viele:

- **Beim Aufwachen**
- **Wenn Sie sich ängstlich, zornig oder gestresst fühlen**
- **Vor einem wichtigen Gespräch**
- **Vor und während einer Prüfung**
- **Bei Wahrnehmungsübungen, beim Beten und beim Meditieren**

Das gedrückte Ei

Falls es noch nicht so recht klappen sollte, aus dem Gähnen neue Energie zu schöpfen, helfen vielleicht ein paar Hinweise. Beim Gähnen kommt Ihnen Ihre Erfahrung mit der Atmung zugute. Allerdings wird beim Gähnen die Einatmungsphase extrem verlängert, während die Ausatmung oft stark verkürzt wird – was sich grafisch wie ein gekochtes, gepelltes Ei, auf das man von oben drückt, darstellt (siehe Abbildung S. 23). Die auf die Ausatmung folgende Pause kann beträchtlich sein.

Jeder kann jederzeit gähnen! Meist genügt schon der Gedanke daran oder das Bild eines gähnenden Menschen, und sofort werden wir davon angesteckt. Gähnen ist sozial und gemeinschaftsbildend.

Der Gähnreflex kann auch absichtlich ausgelöst werden:

- Schieben Sie die unteren Zähne und den Unterkiefer nach vorn.

- Kneifen Sie gleichzeitig die Augen zu.
- Reißen Sie den Mund nun weit auf.

Untermalt wird das Ganze von einem lauten, genüsslichen Ton: Aahh! Ihr Verstand erhebt Einwände? Natürlich! Der Verstand erhebt immer Einwände, das ist eine seiner Aufgaben. Dagegen setzen wir die drei Faustregeln der Schauspielerei: Denk als ob, tu als ob, fühl als ob. Und schon gähnt es sich luftig, leicht und tief!

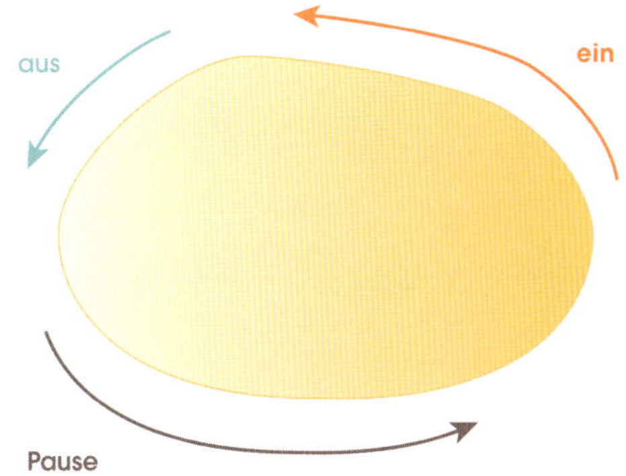

Das gedrückte Ei – so sieht der Atemkreis beim Gähnen aus.

Ein- oder Ausatmer?

Ob Sie ein sogenannter Ein- oder Ausatmer sind, stellen Sie leicht mit folgendem kleinem Experiment fest: Gehen Sie zu einem hohen Schrank und recken Sie sich, um etwas herunterzuholen. Haben Sie, als Sie sich streckten, ein- oder ausgeatmet? Manche Menschen entspannen sich tiefer beim Einatmen und umgekehrt. Falls Sie eingeatmet haben, als Sie sich streckten, beginnen Sie Ihren Atemkreis (siehe S. 16/17) auf dem Einatmen; falls Sie ausgeatmet haben, auf dem Ausatmen.

Sie können auch ausprobieren, was passiert, wenn Sie einatmen, die Luft anhalten und mit gefüllter Lunge eine Pause machen. Würde Sie das entspannen? Oder wäre es umgekehrt für Sie angenehmer: Sie atmen ein, anschließend atmen Sie lange aus und machen die Pause in der Atemleere. Wenn Sie sich dann entspannter fühlen, sind Sie ein Ausatmer.

Störende Gedanken auf die Mailbox legen

Wie bereits erwähnt, sind Ablenkungen beim Meditieren ganz normal. Ihr Verstand wird auf jeden Fall dazwischenplappern, und wenn er das tut, legen Sie das Gerede Ihres »Quatschomaten« doch einfach auf einer fiktiven Mailbox ab. Warum versucht der Verstand, Sie abzulenken? Ganz einfach: Er ist eifersüchtig, wenn Sie ihn mit etwas anderem beschäftigen als mit seinen »wichtigen« Inhalten. Und so erhöht er den Geräuschpegel und wirft »hochinteressante« Themen auf, insbesondere solche, die dazu geeignet sind, Emotionen freizusetzen. Warum hat Ihr Chef heute in der Sitzung ausgerechnet Sie kritisiert, wo doch die Kollegen mindestens ebenso viele Fehler gemacht haben? Darüber ärgern Sie sich und Sie sind neidisch – und schon ist es Ihrem Verstand gelungen, sich Ihre Aufmerksamkeit zurückzuerobern, weg von der »blöden Meditation«, und der nächste Atemzug verpufft.

Der Quatschomat und die Mailbox – ein Bild, das beim Meditieren helfen kann.

Dagegen, dass solche Gedanken und Gefühle aufkommen, können und müssen Sie nichts machen. Wichtig ist allerdings, dass Sie sich nicht darauf einlassen, mit Ihrem Verstand einen Streit zu beginnen, etwa: »Lenk mich nicht ab, ich meditiere.« Wie ein trotziges Kind bekäme er damit nur noch mehr Aufmerksamkeit und Energie. Sagen Sie stattdessen möglichst neutral-sachlich: »Danke für die Mitteilung! Ich lege sie auf die Mailbox. Zur rechten Zeit kümmere ich mich darum.« Dann kehren Sie wieder zur Atmung zurück und beenden Ihre Sequenz.

Eine solche Mailbox schafft Distanz und ist deshalb als Vorstellung so hilfreich. Drängt sich ein Gedanke immer und immer wieder auf, geben Sie ihm den freundlichen Hinweis: »Du bist bereits erfasst« und meditieren weiter. Oder Sie schreiben ihn mit dem Zusatz »Hier bleibst du!« auf ein Blatt Papier.

Allerdings soll Ihr Verstand auch wissen, dass Sie ihm nicht respektlos den Mund verbieten. Jeder neue Gedanke, der laut wird, darf erst einmal zu Ende gedacht werden, bevor er auf der Mailbox landet. Mit der Zeit und mit zunehmender Übung wird Ihr Verstand diese Mailbox akzeptieren – und Sie haben mehr Freude an Ihrer Auszeit.

Den Verstand wohlmeinend beobachten

Viele unserer Körperfunktionen können wir beobachten. Wir können beispielsweise dem Herzschlag lauschen oder ihn als Puls am Handgelenk bzw. am Hals ertasten. Allerdings würden wir jemanden, der den ganzen Tag den eigenen Herzschlag beobachtet und dabei vielleicht sogar angespannt und ängstlich wird, als Hypochonder bezeichnen. Und doch machen wir nichts anderes mit unserem Verstand! Das Herz schlägt, dafür ist es gemacht. Als wohlmeinende Beobachter können wir dies einfach geschehen lassen, ohne es mit all unserer Aufmerksamkeit zu verfolgen. Der Verstand denkt, dafür ist er gemacht. Warum also sollten wir ihm unsere gesamte Aufmerksamkeit schenken?

Wenn das Geplapper des Verstandes auf der Mailbox landet, wird der Kopf frei für Ruhe und Stille.

Der Weg der Wolken

Beim Basisatmen üben wir ein, zunächst dem Tun des eigenen Verstandes zuzuschauen. Wir verzichten darauf zu urteilen. Wir lassen die Gedanken vorbeiziehen, als beobachteten wir, wie Wolken am Himmel vorüberziehen. Wir gewinnen Distanz. Wir verzichten darauf, uns mit den Inhalten zu befassen. Wir hegen kein Interesse an dem, »was es denkt«, sondern bemerken höchstens noch, »dass es denkt«. Irgendwann könnte es dann sein, dass ein Gedanke vorbeigezogen ist, ohne dass der nächste folgt. In diesem Moment erleben wir Stille, Pause, Ruhe und Frieden. Es passiert etwas Ungewöhnliches: Das Geplapper hat aufgehört! Probieren Sie es nun mit einer Basiseinheit und schalten Sie dabei die innere Mailbox ein. Seien Sie freundlich zu sich selbst, auch wenn der Quatschomat beharrlich stört. Üben Sie einfach etwas länger, wenn der Moment der Stille noch auf sich warten lässt.

Die Meditationshaltung

Zunächst ist es egal, ob Sie bei den Atemübungen bequem im Sessel sitzen, auf dem Sofa liegen oder spazieren gehen. Jeder soll nach seiner Façon meditieren und seinen Basisatemzügen lauschen. Dennoch können die folgenden Hinweise zu den verschiedenen Meditationshaltungen hilfreich sein:

▶ **Im Liegen** Hinlegen sollten Sie sich beim Meditieren am besten nur dann, wenn Sie gerade kein Schlafbedürfnis haben und längere Zeit aufmerksam bleiben können. Oder Sie winkeln einen Unterarm an – beim Einschlafen fällt der Arm auf die Unterlage und weckt Sie. Manchmal ist es aber auch völlig in Ordnung, wenn sich der Körper den Schlaf holt, den er braucht.

▶ **Im Sitzen** Es wird Sie vielleicht wundern, aber ein simpler Küchenstuhl kann zu einem erstklassigen Meditationsmittel werden. Wenn Sie sich ganz vorn auf die Stuhlkante setzen, wird die Wirbelsäule fast automatisch aufgerichtet. Der Blick geht ebenfalls nach vorn, wobei Sie sich vor-

stellen können, ganz oben an Ihrem Kopf sei ein Faden befestigt, der ihn sanft nach oben zieht. Die Füße stehen hüftbreit nebeneinander mit der ganzen Fußsohle auf dem Boden, die Hände liegen auf den Oberschenkeln. So befinden Sie sich in einer erlebnisfähigen, offenen und präsenten Haltung. Wenn Sie möchten, können Sie sich auch im klassischen Lotussitz (Schneidersitz) niederlassen; hier hilft es, das Becken mit einem Kissen oder einer gefalteten Decke etwas nach vorn zu kippen.

▶ Im Stehen Stellen Sie die Füße parallel und schulterbreit auf, die Knie sind leicht gebeugt, Becken, Wirbelsäule und Kopf stützen einander wie übereinanderliegende Stockwerke. Auch hier kann die Vorstellung des am Kopf angebrachten Fadens die aufrechte Haltung fördern.

▶ Im Gehen Gehend zu meditieren erfordert schon einige Erfahrung. Beim Schlendern, normalen Gehen und auch beim Nordic Walking können Sie die Basisatmung nutzen und die Schritte zum Zählen nehmen: Eine Anzahl Schritte für die Einatmung, eine Anzahl Schritte für die Ausatmung, dann wahrnehmen, wie viele Schritte Sie für die Pause brauchen, bis das nächste Einatmen sich ankündigt.

Meditatives Schreiten

Beim meditativen Schreiten heben Sie beim gemächlichen Einatmen das Knie langsam an und lassen den Unterschenkel nach vorn gleiten. Beim Ausatmen setzen Sie den Fuß sanft mit der Sohle auf und rollen ab, bis der Körper wieder stabil steht. Dann folgt eine Pause. Anschließend erfolgt wieder die Einatmung. Ob Sie statt der ganzen Fußsohle lieber nur die Zehenspitzen aufsetzen, bleibt Ihnen überlassen, je nachdem, was sich für Sie am stimmigsten anfühlt. Wenn Sie bei der Übung den plappernden Verstand immer wieder freundlich auf die Mailbox leiten, können Schreitender und Schreiten ungestörter eins werden.

Sonstige Hinweise

Nun haben Sie erfahren, in welcher Haltung Sie meditieren können, dass Ihnen der Verstand beim Meditieren mit Sicherheit dazwischenfunken wird, wie Sie eine Basiseinheit üben und wie gut Ihnen das Meditieren tut. Bevor es jetzt vertiefend in die Praxis geht, finden Sie im Folgenden noch einige Antworten auf häufig gestellte Fragen zur Meditation.

Wie gehe ich mit Störungen um?

Gerade wollte sich innerliche Gelassenheit einstellen, da juckt es Sie plötzlich heftig am linken Schulterblatt, draußen liefern sich zwei Autos einen Hupwettstreit, oder Sie nehmen auf einmal wahr, dass der Wasserhahn in der Küche tropft. Sie haben nun die Wahl: Sie können diesen Störungen Aufmerksamkeit und Energie schenken, die Ihnen dann beim Meditieren fehlt, oder Sie nehmen sie nur freundlich zur Kenntnis.

Wenn es Sie juckt, kratzen Sie sich und fahren anschließend mit der Übung fort oder Sie beobachten das Jucken für längere Zeit. Körperliche Bedürfnisse wollen beachtet werden. Sagen Sie innerlich zum Wasserhahn: Ich habe dich zur Kenntnis genommen und werde mich später um dich kümmern. Oder Sie drehen ihn einfach sofort zu. So ist jede Störung eine Chance, wieder konzentrierter vorzugehen.

Was kann ich von einer Meditation erwarten?

Erwartungen sind wie Filter und treffen bereits eine Vorauswahl, welchen Teil der Wirklichkeit Sie zulassen und welcher Teil ausgeblendet wird. Deshalb sollten Sie sich mit weit geöffneten Sinnen und möglichst unvoreingenommenem Verstand in die Übung begeben. Seien Sie neugierig auf das, was jeden Moment um die Ecke biegt!

Selbst wenn Sie von der Meditation erwarten, dass sie Ihnen guttut, haben Sie bereits ein Urteil gefällt und sind in die »Gegensatzfalle« von gut / schlecht, richtig / falsch, weiß / schwarz getappt. Das wird Ihrem Verstand bestimmt gefallen: Er hat nun viel Raum zum Pingpong-Spielen, und aus dem Urteilen und Bewerten holt er sich stets neue Energie. Sobald Sie also urteilen wollen und es bemerken, stellen Sie sich einfach Wolken vor, die hoch in der Luft vorüberziehen. Dann kehrt bald wieder Ruhe ein. Und sollten Sie doch einmal urteilen, lassen Sie Milde walten – zuallererst sich selbst gegenüber.

Wenig hilfreich ist es auch, mit Gedanken wie »Ich muss mich beim Meditieren entspannen« an die Übungen heranzugehen – Sie müssen gar nichts. Solche Zielsetzungen rufen nur inneren Widerstand oder – schlimmer – Ängste hervor, sich zu blamieren, wenn Sie das Ziel nicht erreichen. Einfach geschehen lassen.

Worauf sollte ich bei den Übungen achten?

Nehmen Sie Veränderungen wahr, bemerken Sie die Unterschiede. Wenn etwas stets gleich bleibt, fehlt der Kontrast. Achten Sie also auf Folgendes: Wird die Atmung tiefer? Treten störende Gedanken seltener auf? Verändert sich Ihre Stimmung? Wird Ihre Haltung aufrechter? Beruhigt sich der Herzschlag?

Wenn diese Fragen Sie davon ablenken, aufmerksam bei der Übung zu bleiben, können Sie sie sich auch beim Nachspüren im Anschluss an die Übung stellen.

Darf ich beim Meditieren Musik hören?

Der Verstand geht nicht gern in die Stille, denn er lebt von seinen (Denk-) Geräuschen. Deshalb kann es in den ersten Minuten einer Meditation nützlich sein, eine beruhigende Musik ohne Schlaginstrumente zu hören. Die Musik sollte möglichst »neutral« sein, damit Sie nicht in Versuchung geraten, sich auf sie zu konzentrieren. Schalten Sie dann die Musik ab: Wie nehmen Sie den Unterschied wahr, wenn die Musik plötzlich wegfällt und nur noch Stille herrscht?

Wie beende ich eine Meditation?

Eine Meditation bewusst zu beenden – und auch zu beginnen – hilft, sie von Ihren Alltagsaktivitäten abzugrenzen. Sie setzen damit eine Zäsur. Dies kann beispielsweise durch eine Gebärde erfolgen: Sie legen die Hände vor der Brust aufeinander und verneigen sich kurz – »Namaste«, eine Begrüßungs- und Abschiedsgeste in Indien. Oder Sie wählen eine andere für Sie stimmige Gebärde.

Zudem sollten Sie nach der Phase der Sammlung und Stille nicht gleich aufspringen und Ihre Aktivitäten wieder auf 100 Prozent hochfahren. Bleiben Sie noch ein wenig in Kontakt mit dem, was Sie gerade erlebt haben. Gehen Sie mit geschlossenen Augen noch einmal nach innen, spüren Sie der Übung mehrere Atemzüge lang nach und machen Sie sich mögliche Veränderungen bewusst.

Meditation – Fenster zum Verstand

Jeder Mensch ist anders – eine simple Erkenntnis mit weitreichender Wirkung. Während der eine beim Meditieren zwar wahrnimmt, dass der Verstand dazwischenquatscht, sich aber nicht weiter darum kümmert, will es der andere ganz genau wissen und den Verstand mit allen Mitteln zum Schweigen bringen. Während der eine sofort loslegen und sich nicht mit Hintergrundwissen belasten will, findet der andere es interessant, was da im eigenen Kopf vorgeht. Wenn Sie zur ersten Gruppe gehören und gleich in die vertiefende Praxis einsteigen wollen, können Sie die folgenden Abschnitte überspringen und mit dem Kapitel »Meditieren im Alltag« (siehe S. 40ff.) fortfahren. Wenn Sie aber mehr über Ihre inneren Dialoge wissen wollen, wenn Sie wissen wollen, wer genau da bei den Übungen spricht – denn dauerhaft zum Schweigen bringen werden Sie Ihren Verstand leider nicht –, finden Sie hier noch weiterführende Informationen.

Leider haben wir bei unserer Geburt keine Gebrauchsanleitung für unseren Verstand bekommen. Oft merken wir erst im Erwachsenenalter, dass sich Denkmuster, Verhaltensweisen und Gewohnheiten eingeschlichen haben, die wir mitunter als störend empfinden. Wir beschränken uns selbst, kontrollieren uns oder ängstigen uns unnötig. Oft wissen wir sogar, dass diese Muster aus Teilen unseres Verstandes kommen, und würden sie gern verändern. Aber wie? Dazu bieten sich meditative Techniken an.

Eines dieser Muster sind die bereits erwähnten Ablenkungsmanöver Ihres Verstandes. Er flieht zu tausend anderen Themen, wenn Sie meditieren wollen, als wäre er Ihr Gegenspieler. Eines wollen und das andere tun – dieses Muster kennen Sie bestimmt nicht nur vom Meditieren, sondern auch aus anderen Bereichen Ihres Lebens.

Meditation öffnet ein Fenster zu unserem Verstand, den wir dabei zu beobachten lernen. Und die erste Lektion lautet: Wenn Sie »Ich« sagen, meinen Sie in Wirklichkeit eine Vielheit unterschiedlicher Ichs, ein Puzzle. Sie fungieren als Spieler und Gegenspieler: Ein Teil von Ihnen möchte meditieren, ein anderer will das nicht, ein Teil will sich auf die Arbeit konzentrieren, ein weiterer nicht ... Und jeder Teil hat seine eigene Meinung und will sie lautstark kundtun.

Kleine Küchenpsychologie

Aus Sicht des Verstandes wird das Meditieren vielleicht leichter, wenn er es besser versteht. Dafür genügen einige psychologische Grundgedanken. Eine zentrale Frage lautet: Was soll der Beobachter eigentlich wahrnehmen? Die Antwort: Freuds übliche Verdächtige – Ich, Es und Über-Ich.

Die Tagperson

Um eine Analogie zu wählen, die später noch näher ausgeführt wird, könnte man auch sagen, dass sich das, was wir »Ich« nennen, aus drei verschiedenen Betriebssystemen – Ich, Es und Über-Ich – zusammensetzt, die alle gleichzeitig laufen, aber nicht vollständig kompatibel sind, was wir dann beispielsweise beim Versuch zu meditieren merken.

Eines dieser Betriebssysteme ist die Tagperson, die unsere alltäglichen Aufgaben und Ansprüche zu regeln versucht. Je nachdem, ob die Ersten, die dieses Betriebssystem programmiert haben – Eltern, Kindergärtnerinnen, Lehrer, Pfarrer, Lebensumstände –, gut oder schlecht waren, werden wir damit besser oder schlechter durchs Leben kommen, gelegentliche Systemabstürze und Virusattacken eingeschlossen. Später versuchen wir dann, uns selbst zu programmieren, mit gutem oder mäßigem Erfolg. Dieses Freudsche Ich – die Tagperson, unser »Alltagskleid« – ist die Instanz in uns, die ganz praktisch im Jetzt denkt und handelt. Sie erkennen sie an Formulierungen wie »Ich mache jetzt (die Tür zu, mich auf den Weg etc.) …«. Achten Sie darauf, mehr Zeit in der Gegenwart zu verbringen, denn nur hier sind Sie lebendig.

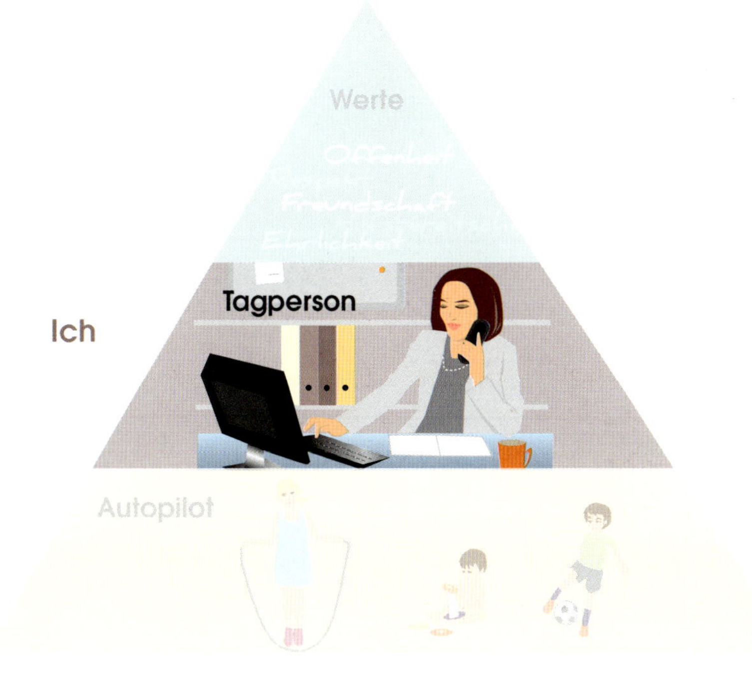

Das Werteprogramm

Das Werteprogramm ist unser Vor-Bild, das uns mit Zielvorgaben füttert. Es ist ein Sammelsurium von überlieferten Idealen, Moral und Ethik, teils aus Religion und Gesellschaft, teils aus dem, was wir uns im Laufe unserer Lehr- und Wanderjahre angeeignet haben. Manches davon ist als moralische Leitplanke und Orientierung nützlich; oft aber findet sich hier unser innerer Richter und Kritiker. Gefährlich wird es, wenn diese Instanz zu viel Macht über uns gewinnt, wenn sie uns kritisiert, verurteilt, fertigmacht, Scham- und Schuldgefühle produziert. Dieser wertende Kritiker macht den größten Teil des Quatschomaten aus und liefert eine – oft hämisch-bösartige – Tonspur zu all unseren Handlungen und Leistungen. Zudem lästert er gern über Bekannte und Partner. Dann sorgt er sich aber auch wieder darum, »was die Leute denken«.

Der psychologische Ausdruck dafür wäre »Über-Ich«. Zu erkennen ist dieser Teil von uns an Formulierungen wie »Jemand müsste mal …«, »Irgendwer hätte doch …«, »Man sollte doch …«. Sobald Ihnen solche

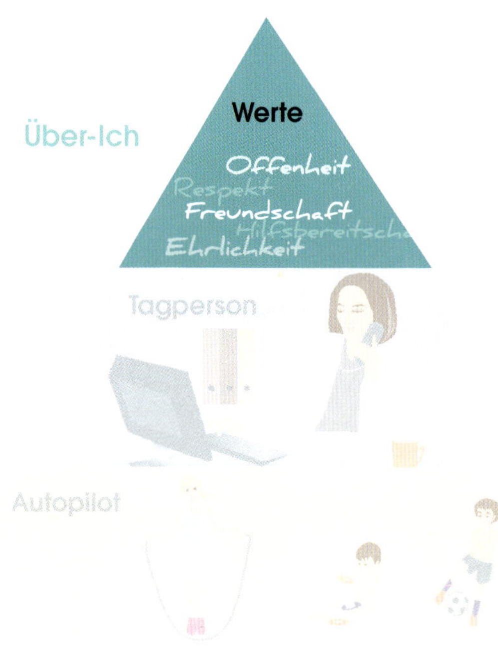

inneren Dialoge auffallen, machen Sie die Stopp-Übung (siehe S. 54f.). Schickt Ihnen das Über-Ich, nur weil Sie Kaffee verschüttet haben, den Satz: »Du bist aber auch eine blöde Kuh!«, halten Sie inne und antworten: »Ich bin keine Kuh, ich bin ein Mensch. Ich bin intelligent, und Fehler sind Chancen des Lernens.«

Die inneren Kinder

Sobald wir etwas gelernt haben, wird es zur Routine und an den Autopiloten weitergeleitet. Fortan müssen wir uns über Gehen oder Radfahren keine Gedanken mehr machen, der Verstand gibt gewissermaßen die Oberaufsicht ab. Und so beeinflusst der Autopilot unser Handeln, Denken und Fühlen, meist ohne dass wir es merken. Man könnte auch von inneren Kindern sprechen, die ausgelassen im Haus herumtollen, wenn kein Erwachsener die Aufsicht führt.

Diese Muster oder Programmierungen nehmen ihren Anfang schon früh im Leben, werden emotional tief eingebrannt und gehören zum Bereich

des Triebhaften; der Psychologe spricht vom Es. Dies erkennen Sie an Formulierungen, die auch ein »es« enthalten: »Ich kann es nicht ...«, »Ich habe es vergessen ...«, »Es tut weh ...«, »Es reizt mich ...« etc.

Sollten Sie wahrnehmen, dass Ihre inneren Kinder, die wie alle Kinder auch immer sehr emotional sind, wieder einmal herumtollen, so nehmen Sie sie fest an die Hand. Sie brauchen stringente und klare Ansagen darüber, was sie tun oder lassen sollen. Hat sich beispielsweise Ihre Tagperson vorgenommen, heute keinen Alkohol zu trinken, so achten Sie auf Sätze wie: »Es schadet doch nicht, ein Bierchen zu trinken« – Klippensätze, die Ihre guten Absichten über den Rand des Abgrunds stoßen.

Das Persönlichkeitsmodell

Verbindet man die Ebenen von Tagperson, Werteprogramm und inneren Kindern miteinander, entsteht ein Modell unserer Persönlichkeit. Das Modell kann uns dabei helfen, die unterschiedlichen Aspekte der Ebenen und ihre Interaktionen beim Meditieren zu beobachten und zu verstehen.

Bei genauem Hinhören und Hinsehen bemerken wir, dass wir im Gespräch ständig zwischen Es, Ich und Man hin- und herwechseln. Das gilt auch für unsere inneren Dialoge. Um noch einmal auf das Beispiel der drei Betriebssysteme zurückzukommen: Man könnte auch sagen, dass unser Werteprogramm auf Mac und die Tagperson auf Windows läuft – schon diese beiden Systeme sind nicht vollständig kompatibel. Nimmt man nun noch den Autopiloten hinzu – er läuft auf DOS und wurde nie aktualisiert –, wird klar, warum es zwischen den Ebenen häufig zu Verständigungsproblemen

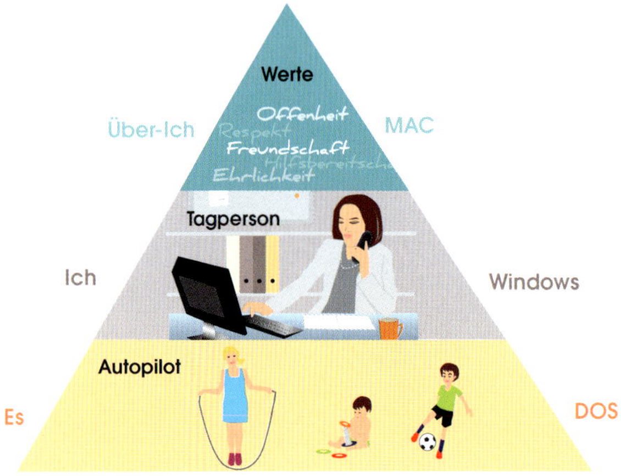

kommt. Man könnte sich mit den inneren Kindern höchstens noch in der Hundesprache unterhalten – »Sitz! Fass! Happi-Happi! Gassi!« –, doch von differenzierter Kommunikation kann keine Rede sein. Die inneren Kinder verstehen die Sprache der Erwachsenen noch nicht. Sie fühlen sich überdies von der Kritik der Werteebene verletzt. Die Ebene der Handlungen – also der Tagperson – überfordert sie, worauf sie mit Trotz und Widerstand reagieren. Wenn Sie sich dies vor Augen führen, wird Ihnen klarer, warum Ihnen Teile Ihrer Persönlichkeit ständig ins Meditieren funken. Andererseits hilft das Meditieren aber auch dabei, die Trennung zwischen den drei Ebenen nach und nach immer mehr aufzuheben, dient also als einigendes Persönlichkeitselement.

Gibt es ein Ego – und wenn ja, wer beobachtet es?

Meine kleine Küchenpsychologie postuliert eine dreiteilige Persönlichkeit und nennt die einzelnen Instanzen Über-Ich, Ich und Es. Diese Persönlichkeitsebenen wiederum bilden das Ego, in dem alle drei Betriebssysteme zusammengefasst sind. Nun ließe sich die Pyramide nach oben und unten noch um die Aspekte des Überbewussten (nach oben) sowie des Unbewussten (nach unten) erweitern. Aus der überbewussten Ebene, die außerhalb der Persönlichkeit steht, können wir die unterschiedlichen Aspekte des Egos bei uns selbst und anderen distanziert und freundlich beobachten (siehe Abbildung rechts). Das aber,

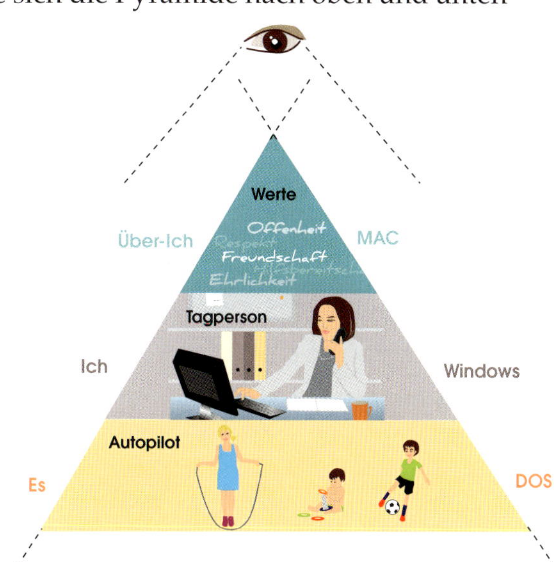

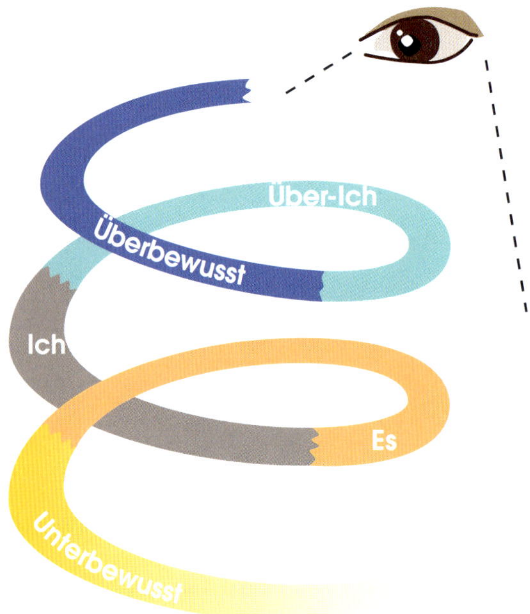

was wir wahrnehmen, wird sich verändern – wie schon der Physiker Werner Heisenberg in seiner Theorie der Unschärferelation formulierte. Meditation hat ebenfalls diesen – in diesem Fall angenehmen – Nebeneffekt der allmählichen Veränderung.

Der Verstand lässt sich am besten bei allen Übungen beobachten, bei denen die Basisatmung durchgeführt wird, etwa beim »Eierkochen« (siehe S. 17f.) oder »Gähnen« (siehe S. 21ff.). Auch im Alltag können Sie Ihren Verstand beobachten, z. B. bei der Hausarbeit: Werden Sie gewahr, was Ihr Verstand alles anstellt, während Sie eine einfache und bekannte Tätigkeit wie Bügeln oder Staubsaugen ausführen. Später können Sie dann zu einer Tätigkeit übergehen, die Ihre ganze Aufmerksamkeit erfordert, beispielsweise das Einfädeln eines Fadens in eine Nadel.

Nähmen wir die Persönlichkeitsebenen als nicht streng getrennt, sondern als spiralförmig angeordnet und ohne Ende und Anfang an, so würde sich folgendes Bild (siehe Abbildung oben) bieten: ein nach oben und unten offener Organismus, der sein Bestes tut, um für sich und mit der Umwelt erfolgreich zu leben, sich fortzuentwickeln und sich fortzupflanzen.

Mit allem verbunden

In dem bildgebenden medizinischen Verfahren des Computertomogramms sieht man bei bewusstem Denken und Handeln, dass einige umschriebene Zentren des Gehirns aktiviert werden (Abbildung unten links). In tiefer Achtsamkeit findet sich diese Aktivität überall im Gehirn verteilt (Abbildung unten rechts). Dabei ist also alles mit allem vernetzt.

Lassen wir unsere alltägliche »Denke« und ihre willentlichen Aktivitäten los, haben wir den »Mut zur Lücke«, belohnt uns das einerseits mit Stille und andererseits mit einem Rundum-Empfinden: Durch die Vernetzung haben wir plötzlich an allem Anteil.

Unser Gehirn ähnelt auch einem Hologramm. Ein Hologramm ist schwer zu zerstören, denn selbst sein kleinster Bruchteil repräsentiert noch das Ganze. Wenn also auch nur einige Teile des Gehirns beginnen, in diesen allumfassenden Modus umzuschalten – etwa beim Meditieren –, nehmen wir am Ganzen teil.

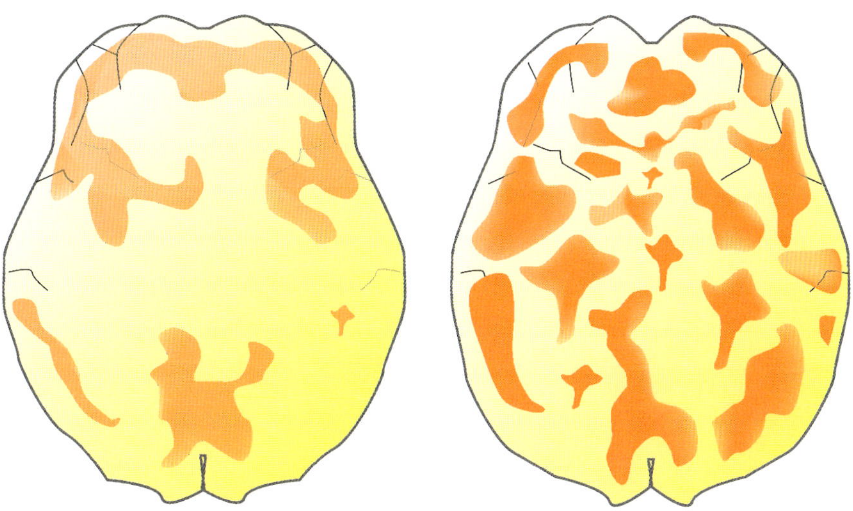

Unsere Gehirnaktivität im Alltag (links) und beim Meditieren (rechts).

2
MEDITIEREN IM ALLTAG

Das Beobachten einüben

Wahrnehmen, Achtsamkeit und Meditation werden häufig mit Bildern von Menschen assoziiert, die in Ashrams oder Klöstern stunden- und tagelang in meditativer Versenkung verharren. Natürlich meditieren diese Menschen – nur nicht so kurz wie bei der Basisatmung, sondern so lange, wie es ihre Glaubens- oder Meditationsrichtung vorgibt. Doch ob kurz oder lang: In beiden Fällen sind wir Beobachter und üben das Beobachten ein.

So meditieren wir beispielsweise auch, wenn wir einem Sonnenuntergang zusehen, dabei den Verstand auf die Mailbox legen, atmen, die Farben und die Stimmung aufnehmen und immer wieder eins werden mit dem Bild, das wir vor uns haben. Dann gibt es nur diesen einen Atemzug in diesem Augenblick.

Vielfältige Gelegenheiten

Um zu meditieren, müssen Sie sich nicht in ein Kloster zurückziehen, ja noch nicht einmal in einen eigens dafür vorgesehenen Raum. Meditieren können Sie auch, während Sie auf die U-Bahn oder das Flugzeug warten, im Stau auf der Autobahn, an der Kasse im Supermarkt, auf dem heimischen Sofa.

Viele Situationen eignen sich für eine kurze, meditative Übung, gerade solche, in denen innere Ruhe weit entfernt erscheint, gerade bei Stress, Aufregung, Ärger oder in Momenten der Kraftlosigkeit. Übungen wie der Basisatemzug geben Ihnen Gelegenheit, innezuhalten und ins Hier und Jetzt zu kommen. Im Folgenden finden Sie nun weitere Übungen und verschiedene Situationen, in den sich kleinere oder auch etwas längere Meditationen anbieten. Probieren Sie aus, was Sie anspricht, und schaffen Sie sich Ihre eigene Meditationspraxis!

Mit den Sinnen meditieren

In unserer vom Konsum geprägten Welt stellt die Verfügbarkeit der Sinnesreize eine große Herausforderung dar. Viele Menschen erliegen diesen Verführungen und konsumieren ebenso maßlos wie wahllos, seien es Medien wie Kino, Fernsehen oder Internet, sei es Nahrung – jeder zweite Mann und jede dritte Frau in Deutschland leidet an Übergewicht –, seien es Konsumgüter wie Kleidung oder technische Geräte. Gegen diese Überfütterung und Reizüberflutung hilft es, zum Genuss zurückzukehren, der beim bloßen Konsumieren oft genug nicht mehr vorhanden ist. Konzentrieren Sie sich einmal ganz auf einen Gegenstand – eine köstliche Mahlzeit, das neue Kleidungsstück – und nehmen Sie ihn mit allen Sinnen wahr. Oder versuchen Sie umgekehrt, sich zumindest für kurze Zeit auf einen Ihrer Sinne zu konzentrieren. Diese Methode kann Ihnen dabei helfen, schlank zu werden, Suchtverhalten zu vermeiden, sich zu entspannen und damit insgesamt wacher und aufnahmefähiger zu sein.

Tore der Aufmerksamkeit

Alle unsere fünf Sinne können Tore der Aufmerksamkeit sein: Sinne vermitteln Ein-Drücke der Außenwelt nach innen. Eine liebevolle Berührung der Haut oder eine zarte Massage vermag den Körper einzustimmen, bevor der Verstand schließlich bemerkt, wie gut sich das anfühlt. Durch diese Eindrücke – auf der Haut beim Berührtwerden, auf der Schleimhaut beim Essen und Trinken, auf der Netzhaut im Auge beim Sehen oder auf dem Trommelfell beim Hören – entsteht in jedem von uns ein einmaliges, persönliches Abbild der Wirklichkeit. Dieses Abbild ist gewissermaßen eine individuelle virtuelle Welt in unserem Kopf. Sie gehört nur uns: Was für den einen schrill klingt, kann ein anderer vielleicht genießen. Der eine sieht den Wald, der andere die Bäume.

Zudem bevorzugen die meisten Menschen einen ihrer Sinne: Der eine hört buchstäblich das Gras wachsen, der andere betont die Wichtigkeit des Sehens (»Sieh es doch mal aus meiner Warte«), während der Dritte den Tastsinn als Kommunikationsmittel nutzt und durch Berührung »begreift«. Wieder andere geben Geruch – »Den kann ich nicht riechen« – oder Geschmack den Vorzug.
Wenn Sie einen solchen Wahrnehmungsschwerpunkt bei sich bemerken, versuchen Sie einmal, bewusst auf einen anderen Sinneskanal umzuschalten. Das lässt sich auch gut mit dem Meditieren verbinden. Entlastet werden die zunehmend der Reizüberflutung ausgelieferten Sinne auch, wenn der Fokus beim Meditieren auf Innen- und Körperwahrnehmung gelegt und von der Außenwelt abgezogen wird.

Stille suchen

Stille ist in unserer modernen, lärmverschmutzten Welt zu einem Luxusgut geworden. Das wissen Sie, wenn Sie in einem Großraumbüro arbeiten, Ihre Wohnung an einer Durchgangsstraße liegt und Ihr Nachbar Techno liebt. Dass Lärm zur Belastung werden kann, erleben Sie aber nicht nur in solchen Extremsituationen. Wir sind ständig von Geräuschen umgeben,

Dennis' Ausgleich

Dennis arbeitet im Callcenter. Den ganzen Tag ist er mit Zuhören beschäftigt und abends sitzt er auch noch vor dem Fernseher. Ihm »klingen die Ohren« von den vielen Eindrücken, die sie verarbeiten müssen. Die Alternative zur Überlastung des Hörorgans wäre jetzt das Sehen. Er hat das große Glück, über den Dächern der Stadt zu wohnen, und hat gelernt, die Sonnenauf- und -untergänge zu genießen. Für trübe Tage kaufte er sich eine DVD mit Sonnenuntergängen. Solche DVDs gibt es auch mit Wasserfällen, Meer, Kaminfeuer usw. – ideale Gelegenheiten, um die Basisatmung (siehe S. 15ff.) zu üben.

werden im Restaurant, im Fahrstuhl oder in der Warteschleife am Telefon ununterbrochen von Musik berieselt und steigern diesen täglichen Geräuschpegel sogar noch selbst, wenn wir den MP3-Player auf maximale Lautstärke stellen. Stille erleben wir selten – und sollten sie genau deshalb suchen. Etwa mit folgender Übung:

Wenn Sie das nächste Mal joggen, walken oder spazieren gehen, könnten Sie im Park stehen bleiben, den MP3-Player ausschalten, die Kopfhörer von den Ohren nehmen und einige Basiseinheiten (siehe S. 17f.) atmen. Dabei lauschen Sie der Stille. Vielleicht hören Sie die Vögel singen – konzentrieren Sie sich auf die Pausen zwischen dem Vogelgezwitscher. – Vielleicht hören Sie den Wind – horchen Sie auf die Stille nach dem Windstoß. Vielleicht rauschen die Blätter in den Baumkronen – achten Sie darauf, was Sie hören, wenn das Rauschen der Blätter und das Knarren der Äste verklungen ist. Vielleicht fragen Sie sich, wohin der Ton eigentlich verschwindet, und folgen ihm in Gedanken. Beim Lauschen ist die Pause – das Nichts, die Stille, das Gegenteil von Ton – ebenso wichtig wie der Klang selbst: Das Geräusch entsteht erst im Kontrast zur Stille.

Ton – Stille – Ton: So entstehen Takt, Rhythmus und Musik.

Perspektivenwechsel

Zwischenräume sind auch Räume: Neulich saß ich gegen Abend auf der Heimfahrt im Zug und las in meinem Kindle einen faszinierenden Report. Dann kam der Zeitpunkt, wo mein System »change of energy« signalisierte. Ich sah auf. Die nun eingebrochene Nacht hatte das Fenster einer Metamorphose unterzogen: Hatte es tagsüber die Welt zu mir hereingelassen, so verwandelte es die Dunkelheit in einen Spiegel. Das Innere des Zuges, die Passagiere, ich, alles war plötzlich klar und deutlich sichtbar.

Probieren Sie es auch einmal mit einem solchen Perspektivenwechsel: Statt die Materie der Dinge wahrzunehmen, könnten Sie Ihre Aufmerksamkeit auf die Zwischenräume richten. Vielleicht gehen Sie in den Park,

Mut zur Lücke!

Worte distanzieren vom Miterleben und Mitempfinden. Wir können jedoch auch versuchen, die Lücken zwischen den Worten wahrzunehmen, etwa mit folgender Visualisierungsübung. Nehmen Sie sich Zeit für einige ungestörte tiefe Atemzüge. Was geschieht, wenn Sie nun wachsam auf die Lücken zwischen den Worten achten? Wenn Sie jedes Wort schwärzen, leuchten dann die Zwischenräume heller? Ergeben die Zwischenräume irgendwelche Muster? Wie geht es dem Verstand, wenn er die Worte nicht mehr versteht, sondern mit ihnen spielt, als wären sie schwarze und weiße Bauklötze? Könnten sich die Lücken während des Betrachtens in die Länge ziehen? Was ist, wenn die Zwischenräume länger und länger werden, bis möglicherweise die Worte verklungen sind und keine weiteren folgen? Weißes Rauschen – Schneegestöber auf dem Bildschirm – leere Leinwand: Stille!

Achten Sie darauf, ob Sie sich, nachdem Sie sich einige Wochen oder länger mit der Basisatmung beschäftigt haben, dieser Stille nähern.

suchen sich einen Baum und betrachten längere Zeit weder Äste noch Blätter, sondern die Räume dazwischen.
Halten Sie die Hände etwa einen halben Meter vor das Gesicht und betrachten Sie Ihre Finger. Sehen Sie durch die Finger hindurch in die Leere.
Wechseln Sie zwischen Fingern und Baum mehrmals hin und her. Welche Veränderung in Ihrem Bewusstsein bemerken Sie beim Blick zurück auf Ihre Hände?

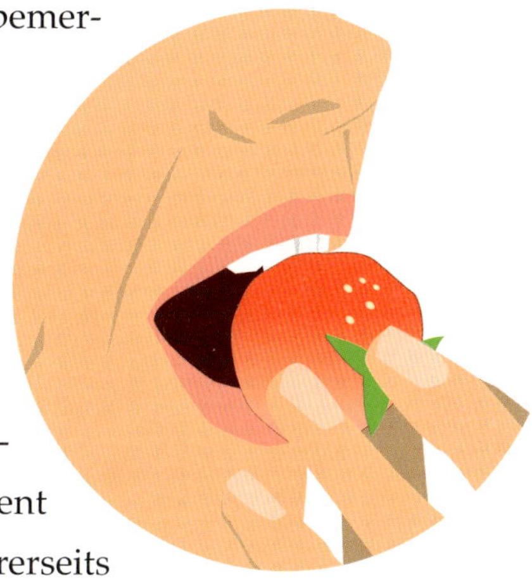

Bewusst essen – und genießen

Essen ist für viele Menschen ein zwiespältiges Thema: Einerseits verwenden sie viel Zeit darauf, aus dem heutigen Überangebot an Nahrung das auszuwählen, was ihnen in dem Moment am leckersten oder gesündesten erscheint. Andererseits wird das Essen selbst oft nebenbei erledigt, während die Aufmerksamkeit auf den Fernseher oder den Computer gerichtet ist. Hektisches Essen zwischendurch und fehlende Mittagspausen sind an der Tagesordnung.
Essen kann jedoch auch zu einer Meditation werden, wenn es bewusst geschieht. Während die Geschmacksknospen der Zunge nur die vier Geschmacksqualitäten süß, sauer, salzig und bitter unterscheiden, vermag die Nase das Bouquet von 300 Gerüchen zu würdigen. Welch eine Chance für die Wahrnehmung! Zudem beginnt mit dem Mund der »Primärkanal« – mit dem Mund holt sich das Baby Nahrung und Zuneigung, Wärme und Zugehörigkeit. Der Mund ist der erste Kontakt zur Mutterbrust oder zum Fläschchen: Nahrung wird in dieser Lebensphase mit (Mutter-)Liebe gleichgesetzt. Wer mit dem Geschmackssinn meditiert, sollte sich bewusst sein, dass viele Essgewohnheiten – extremes Hungern ebenso wie extreme Nahrungszufuhr – in dieser Frühzeit wurzeln.

Couch-Potato Julia

Julia kämpft mit Gewichtsproblemen. Vor dem Fernseher schaufelt sie sich händeweise Nüsse und Chips in den Mund. Das geht auch anders! Achtsam schmecken kann uns zum Thema Essen viele ganz persönliche Aufschlüsse liefern.

Probieren Sie nun mit Julia etwas aus: Sie nimmt nur eine Nuss, rollt sie im Mund, antizipiert den Geschmack, zerbeißt die Nuss sachte, genießt in Zeitlupe das Bouquet und das Nussige, schluckt in kleinsten Portionen und nimmt noch für Minuten den Nachgeschmack der einzelnen Nuss wahr. So bemerkt sie auch, wenn ihr Bedürfnis nach weiteren Kalorien gestillt ist, und kann die Tüte befriedigt wegpacken. Der Körper braucht 20 Minuten, bis sich ein Sättigungsgefühl einstellt. Wer hastig schlingt, versucht, diese Zeitschwelle zu unterlaufen.

Sich selbst eine Umarmung schenken

Essen ist nicht immer nur Nahrungsaufnahme, sondern oft auch ein Mittel, sich zu trösten oder von trüben Stimmungen abzulenken. Statt sich einsam und traurig zu fühlen, können Sie sich klarmachen, dass es weniger die Tagperson (siehe S. 32f.) als eher einige der inneren Kinder (siehe S. 35f.) sind, die da Trübsal blasen. Die Tagperson als Realist sieht vielleicht gar keinen Grund für Traurigkeit, doch die inneren Kinder – unsere früh eingebrannten Programmierungen – reagieren auf ihre eigene Weise. Erklärungen verstehen sie nicht. Von tröstenden Worten kommt mehr die gute Absicht – durch Tonfall, Gebärde und Berührung – bei ihnen an als der Inhalt der Worte selbst. Und so können Sie sie durch die folgende Übung auf der Ebene abholen, auf der sie sich am meisten verstanden, berührt und gehört fühlen.

Sorgen Sie dafür, dass Sie ungestört Zeit für sich haben, am besten in einem Raum mit einer Couch oder einem Bett, auf dem Sie sich zusammenrollen können. Vielleicht wählen Sie eine tröstende Musik aus. Schlingen Sie nun die Arme um sich; vermögen Sie, sich in der Vorstellung in einen schützenden Kokon zu begeben? Achten Sie auf einige geregelte und ungehinderte Basisatemzüge (siehe S. 15ff.) und lassen Sie dann einen Ton kommen, der Ihrer Stimmung entspricht. Dies können Sie über längere Zeit wiederholen. Üben Sie dann leichte Schaukelbewegungen aus, die gegebenenfalls auch stärker werden können. Tönen Sie dabei weiter. Ihr schützender Kokon bietet Ihnen viele Möglichkeiten:

- Sie schenken sich selbst eine liebevolle Berührung und nehmen so den Tastsinn auf zweifache Weise wahr: im Berühren und im Berührtwerden.
- Sie spüren die Wärme, die von der eigenen Umarmung ausgeht.
- Sie erfahren die schützende Umhüllung und nehmen sie an.
- Sie begreifen, dass Sie sich panzern und sichern können.
- Sie lassen, wenn möglich und so schnell wie möglich, den Auslöser für die Traurigkeit in einem virtuellen Papierkorb verschwinden.
- Sie stellen dankbar fest, dass Sie sich selbst trösten können.
- Sie nehmen wahr, wer der Tröster in Ihnen ist: Hat sich Ihr erwachsener Anteil oder eines der inneren Kinder Optimismus und Zuversicht bewahrt? Von wem in Ihrer Kindheit haben Sie das Trösten gelernt?
- Sie lassen so viel Rührung zu, wie es den inneren Kindern und der Tagperson möglich ist.

Lassen Sie das Schaukeln und Tönen langsam verebben. Nun ist es Zeit zu realisieren, dass Sie mittlerweile erwachsen geworden und daher in der Lage sind, sich selbst Trost zu spenden. Als Erwachsene sind wir auch in der Lage, eine Person unseres Vertrauens um Unterstützung zu bitten; Sie können jetzt den Entschluss fassen, diese Person zum nächstmöglichen Zeitpunkt zu kontaktieren, oder gleich aufstehen, um dieses Vorhaben durchzuführen. Manche Menschen lernen bei dieser Übung auch, sich an eine Kraft oder Wesenheit außerhalb ihrer selbst zu wenden, eine Kraft, die größer ist als sie selbst und die ihnen liebevoll zur Seite steht.

Zum Abschluss lösen Sie die schützende Umhüllung des Kokons: Sie lösen die Arme, steigen langsam aus dem Kokon aus, setzen sich auf und lassen die Übung noch eine Weile nachklingen. Sie nehmen wahr, was jetzt da ist und was vorher nicht da war.

Leben im Jetzt

Die Inflation an Worten in den Medien verwandelt die Realität in eine Fiktion. Virtuell wird zum Gegensatz von real. Das Kind sitzt vor dem Fernseher und sieht anderen Kindern dabei zu, wie sie schaukeln, aber es setzt sich nicht auf seine Schaukel im Garten – Leben aus zweiter Hand. Das Jetzt geht in Vergangenheit und Zukunft verloren. Zwischen dem »gestern war« und dem »morgen wird sein« verschwindet das »jetzt ist«. Vergangenheit und Zukunft können auch als virtuelle Zeit bezeichnet werden. Ihr Gegenteil ist die Wirklichkeit des Jetzt, messbar als Uhrzeit (siehe Abbildung unten). Virtuelle Zeit ist eine Fiktion in zwei Richtungen: Zum einen wird aus dem »Ach, hätte ich doch …« und »Wie schön war es damals …« die Vergangenheit. Immer nur im Modus »hätte« zu denken

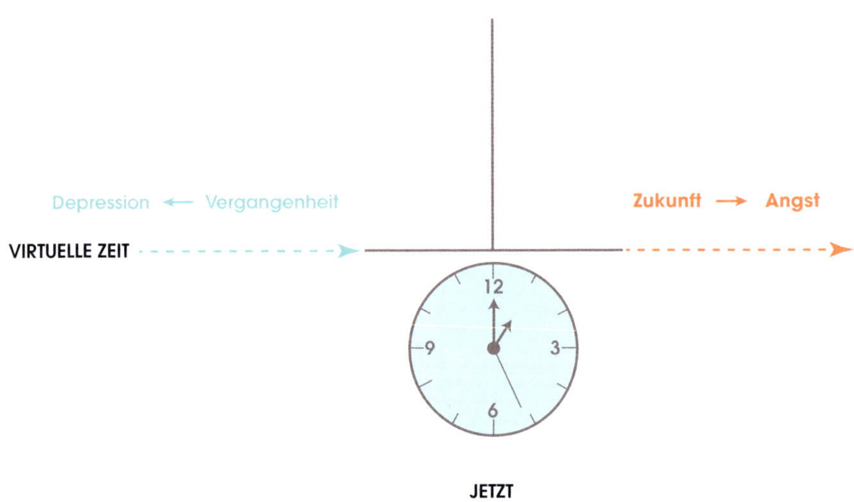

Der Jetzt-Spaziergang

Hätten Sie Zeit und Lust für einen kleinen Spaziergang? Das kann draußen sein oder in der eigenen Wohnung. Schreiten Sie gemächlich und kommentieren Sie jeden Ihrer Eindrücke. Beginnen Sie dabei jeden Satz mit Jetzt: »Jetzt sehe ich das Blumenbeet. Jetzt höre ich eine Autohupe. Jetzt habe ich an Sven gedacht. Jetzt knirscht der Kies unter den Sohlen. Jetzt …« Nach zehn Minuten müssten Sie eigentlich sehr präsent und ganz im Jetzt sein! Wie fühlt sich das an?

und zu fühlen führt unweigerlich in die Depression. Zum anderen entsteht aus dem »Was wäre, wenn …?« die Zukunft. Und immer nur in diesem Modus zu denken und zu fühlen steigert Angst.

Die Uhrzeit dagegen ist nützlich. Das Tick, Tick, Tick des Sekundenzeigers ruft uns zu: »Jetzt! Jetzt! Jetzt!« und definiert damit Gegenwart. Diese beginnt für uns einige Millisekunden vor und endet einige Millisekunden nach dem Tick.

Uhrzeit ist aus einem weiteren Grund nützlich: Man kann damit Zeiträume festlegen. Es gibt eine Uhrzeit-Vergangenheit – Beispiel Alibi: »Gestern um 23.40 Uhr war ich in der Kneipe an der Ecke« – und eine Uhrzeit-Zukunft – »Der Zahnarzttermin ist kommenden Mittwoch um 9.30 Uhr.« Alles andere steht im Konjunktiv, ist selbst produzierte Fiktion und erzeugt – meist – Stress. Die Gegenwart aber versorgt uns hauptsächlich mit Eindrücken der äußeren und inneren Welt.

Geduld üben

Jeder, der schon einmal irgendwo länger warten musste – sei es im Stau oder in der Schlange an der Supermarktkasse –, hat sich darüber bestimmt auch schon einmal geärgert und ist ungeduldig geworden. Doch Unge-

Überbrücken Sie die Wartezeit im Stau einfach mit der Basisatmung!

duld bedeutet Widerstand gegen den gegenwärtigen Moment. Wir fallen damit aus dem Jetzt. Einige Persönlichkeitsanteile, die inneren Kinder (siehe S. 35f.), wollen, dass die Welt anders ist, als sie es jetzt ist, und reagieren wütend.

Versuchen Sie, solche erzwungenen Pausen doch einmal als Chance zu betrachten, sich in Geduld zu üben, innezuhalten, wahrzunehmen und ein paar Minuten loszulassen. Wenn Sie das nächste Mal am Flughafen stehen und Ihr Flieger als verspätet gemeldet wird, können Sie mit sich selbst eine Wette abschließen: »Wetten, dass ich zehn Basiseinheiten schaffe, bevor mein verspäteter Flieger abhebt?« Und ich wette mit Ihnen, dass Sie schon nach siebeneinhalb Basiseinheiten so entspannt sind, dass Sie sich über die Verspätung nicht mehr ärgern!

Bodyscan – die kleine Tour

Wunderbar im Jetzt verankern können Sie sich mit der folgenden Übung, die Sie auch auf beigefügter Audio-CD finden. Sie bietet die »kleine Entspannung zwischendurch«, sei es am Schreibtisch, im Flugzeug oder im Restaurant. Und keine Sorge: Die Menschen in Ihrer Umgebung werden gar nicht merken, was Sie da tun, Sie fallen also bestimmt nicht unangenehm auf. Falls Ihr Sitz über Lehnen verfügt, so legen Sie die Arme dort ab und platzieren die Füße nebeneinander auf dem Boden, wobei Sie am besten aufrecht und nicht angelehnt auf der vorderen Stuhlkante sitzen. Ohne

Armlehne legen Sie die Hände auf die Oberschenkel. Machen Sie nun einige Basisatemzüge (siehe S. 15ff.). Spannen Sie bei den nächsten Atemzügen jeweils bei der Einatmung ein Körperteil an und lassen Sie die Spannung während der Ausatmung und der Pause wieder los:

- Beim Einatmen drücken Sie beide Hände in die Unterlage; atmen Sie dann wieder aus.
- Beim Einatmen rollen Sie die Schultern zurück und bringen das Brustbein nach vorn; atmen Sie dann wieder aus.
- Beim Einatmen kneifen Sie die Pobacken zusammen; dann ausatmen.
- Beim Einatmen führen Sie rechtes und linkes Knie zusammen und pressen die Knie gegeneinander; atmen Sie dann wieder aus.
- Beim Einatmen stemmen Sie die Füße mit der ganzen Fußsohle fest gegen den Boden; atmen Sie dann wieder aus.

Führen Sie nun einige Basisatemzüge durch und wiederholen Sie die Übung gegebenenfalls mehrmals. Erfassen Sie zum Abschluss, wie sich Atmung, Haltung und Wachsein verändert haben.

Routinen durchbrechen

Bleibt der Verstand in seinen Routinen gefangen, kommt es zu keinem Fortschritt, denn Gewohnheit beantwortet jede neue Herausforderung mit dem althergebrachten »mehr von demselben«.

Allen Tätigkeiten – ob Arbeit, Hobby oder Sport – tut von Zeit zu Zeit eine Unterbrechung gut, denn alle 45 Minuten müssen sich die Mitochondrien, die »Energiekraftwerke« in unseren Zellen, teilen. Und so braucht auch der Organismus genau alle dreiviertel Stunde eine Pause. Wer seinen Körper aufmerksam wahrnimmt, bemerkt in diesem Moment ein kleines Tief: Wir werden kurz müde, schlapp und unkonzentriert. Der Griff zu Kaffee oder Schokoriegel ist dann allerdings kontraproduktiv.

Die 45/15-Regel

Diese Regel entspricht unserem Biorhythmus perfekt: Alle 45 Minuten sollten wir für 15 Minuten eine Pause einlegen und unsere bisherige Tätigkeit unterbrechen. Auch Julian, als Programmierer für eine IT-Firma tätig, hält sich an diese Regel: Ob zu Hause im Homeoffice oder im Büro der Firma, nach 45 Minuten Bildschirmarbeit verbringt Julian die folgende Viertelstunde mit gänzlich anderen Aktivitäten. Er telefoniert, macht sich handschriftliche Notizen, spricht mit Kollegen, steht auf und bewegt sich ein wenig. Als kleine Pause eignet sich auch die Übung Basiseinheit (siehe S. 17f.), wobei Sie wie üblich selbst entscheiden können, wie weich oder hart gekocht das Ei werden soll. Die Übung hilft Ihnen, neue Kraft zu schöpfen und wieder zu sich zu finden, wenn Sie sich in der virtuellen Bildschirmwelt zu sehr verloren haben sollten.

Die Stopp-Übung: Zäsuren setzen

Das Anhalten mitten aus aller Alltagsaktivität und Tageshektik heraus ist ein echter Stress-Stopper! Das plötzliche Innehalten schafft Übergänge von einem Zustand in den anderen; Sie legen einen anderen Gang ein, betätigen Gas oder Bremse. So kehrt Wachheit zurück.

Dabei hilft die Stopp-Übung: Halten Sie mitten in einer Bewegung inne. Vielleicht haben Sie sich gerade etwas notiert, halten also einen Stift in der Hand. Führen Sie den Stift nicht zum Papier, sondern lassen Sie ihn in der Luft schweben. Schließen Sie die Augen, setzen Sie sich aufrecht hin und führen Sie eine Basiseinheit (siehe S. 17f.) durch. Während Sie atmen, bemerken Sie vielleicht, dass die Musik, die Sie gerade aufgelegt haben, stört; vielleicht gab sie deshalb den Impuls zur Stopp-Übung: Etwas irritierte Sie. Stellen Sie die Musik ab, ohne die Atemübung zu unterbrechen. Bald werden Sie einen neuen Rhythmus wahrnehmen, einen Rhythmus aus Herzschlag und Atmung, der Sie mit sich selbst rückverbindet.

In ähnlicher Weise können Sie zu vielen Gelegenheiten in Ihrem Alltag Zäsuren setzen und finden immer wieder zu sich zurück, wenn Sie sich in den tausend Dingen der Welt verloren haben. Sagen Sie stopp und belohnen Sie sich mit einer Basiseinheit atmen!

Verspannungen lösen

Verspannte Muskeln, die Schmerzen im Rücken- und Nackenbereich hervorrufen, sind durch unseren heutigen Lebensstil – einseitige Haltungen, mangelnde Bewegung – zur Volkskrankheit Nummer eins geworden. Oft setzen sich solche Verspannungen fest und führen zu chronischen Schmerzen, die mit der Zeit immer schlimmer werden.

Muskelverspannungen gelten als Folge einseitiger Belastung. Viele Berufe bringen wiederkehrende Bewegungsmuster mit sich: Man verbringt den ganzen Arbeitstag im Sitzen oder im Stehen, verkrampft die Schultern beim Tippen am Computer oder klemmt den Telefonhörer immer auf derselben Seite ans Ohr.

Verspannungen haben aber nicht nur eine körperliche Seite: Eine Anspannung in den Muskeln ist bei genauerer Betrachtung immer auch die Folge einer Anspannung auf gedanklicher oder emotionaler Ebene. Daher treten Verspannungen und Muskelschmerzen auch oft in Phasen von erhöhtem Stress auf: Wenn die Gedanken dauerhaft um ein Problem kreisen oder Sorgen die innere Ruhe rauben, können auch die Muskeln keine rechte Entspannung mehr finden.

Die folgenden Übungen helfen hier gleich auf zweifache Weise: Zum einen bringen sie den Körper in Bewegung, zum anderen sind sie eine Form des Meditierens.

In Bewegung kommen

Das Recken und Strecken ist eine einfache und anregende Übung, die wir nutzen können, um im Alltag aktiv und in Bewegung zu meditieren. Verschaffen Sie sich als Erstes einen stabilen Stand und stellen Sie die Füße hüftbreit auf den Boden. Atmen Sie aus, wenn Sie sich strecken, pausieren Sie in der Streckung und holen Sie dann in der Beugephase wieder Luft. Zu Beginn der Übung hängen die Arme seitlich herab; recken Sie nun Arme und Hände nach oben, als wollten Sie die Zimmerdecke wegdrücken – oder den Himmel, falls die Übung draußen stattfindet. Schieben Sie dann die Wände rechts und links auseinander, und anschließend die Wände vorn und hinten. Drücken Sie zunächst mit dem rechten Arm nach vorn und dem linken nach hinten und wechseln Sie dann die Seiten. Bücken Sie sich nun und berühren Sie den Boden mit den Fingerspitzen. Wenn möglich, drücken Sie die Fingerspitzen auf den Boden.

Richten Sie sich abschließend beim Einatmen wieder auf. Was nehmen Sie jetzt wahr, das vorher nicht da war? Sind Sie wacher? Stehen Sie aufrechter? Vertiefte sich Ihre Atmung? Wenn Sie möchten, können Sie die Übung bis zu fünfmal wiederholen.

Der Reißverschluss

Von dieser kurzen, aktiven und aktivierenden Übung, die Sie auf beigefügter Audio-CD finden, profitieren Bildschirmarbeiter am meisten. Sie gelingt zwar auch im Sitzen, empfehlenswerter ist jedoch die Variante im Stehen. Stellen Sie sich aufrecht hin, die Füße sind parallel zueinander und etwa schulterbreit geöffnet, die Knie sind leicht gebeugt. Atmen Sie jeweils vorbereitend ein und dann in der Streckung aus und machen Sie am Ende der Bewegung eine Atempause.

Führen Sie die Hände auf Brusthöhe zusammen. Wie bei einem Doppelreißverschluss, den man mit einer Hand nach unten und mit der anderen nach oben öffnen kann, bewegen Sie nun eine Hand nach oben und die andere nach unten. Führen Sie die Bewegung so weit wie möglich nach oben und unten aus und dehnen Sie dabei auch die Muskeln zwischen den Schulterblättern. Danach wechseln die Hände die Richtung, Sie gehen in die Gegenbewegung.

Dieses Mal verharren Sie in Brusthöhe und stellen sich vor, Sie könnten den Reißverschluss auch horizontal öffnen. Hände und Arme bewegen sich nun seitwärts, bis beide Arme maximal ausgebreitet sind, was die Muskeln zwischen den Schulterblättern erneut dehnt.
Wie fühlt sich Ihr Muskelkleid jetzt an? Wiederholen Sie die Übung mehrmals am Tag.

Pustekuchen

Auch mit der folgenden kleinen Entspannungsübung – Sie finden sie auf beigefügter Audio-CD – können Sie die gesamte Muskulatur wunderbar lockern. Bei dieser Variante des Bodyscan spielt die Atmung eine besonders wichtige Rolle. Hierzu brauchen Sie einen Stuhl und einige Minuten ungestörte Zeit.
Setzen Sie sich mit geradem Rücken unangelehnt auf die vordere Kante des Stuhls. Die Arme liegen bequem auf den Oberschenkeln, die Füße stehen nebeneinander auf dem Boden. Ihre Augen sind fast oder ganz geschlossen, der Kopf ist nach vorn gerichtet.
Atmen Sie nun tief ein, um mit gespitzten Lippen die Luft gemächlich wieder auszupusten, bis die Lunge fast leer ist. Forcieren Sie das Auspusten jedoch nicht zu heftig und gehen Sie gegen Ende der Ausatmung auch nicht in eine gekrümmte Haltung.
Beobachten Sie, wie sich der Brustkorb hebt und senkt. Bemerken Sie beim Auspusten, wie Sie Ihren Brustkorb von innen sanft massieren? Achten Sie darauf, wie die Bauchmuskeln den Nabel nach innen ziehen. Lassen Sie dann los und nehmen Sie wahr, wie die Bauchdecke ganz von allein wieder nach vorn schnellt und dabei Luft ansaugt, denn Einatmen geschieht hier durch Loslassen. Wiederholen Sie dies mehrmals und probieren Sie anschließend die folgenden Varianten aus. Wie wirken sich die verschiedenen Körperhaltungen auf das Luftholen aus?

- Wie verändert sich die Übung, wenn Sie den Körper gegen die Lehne sacken lassen? Welchen Unterschied nehmen Sie wahr, wenn Sie sich danach wieder aufrichten?
- Stützen Sie sich mit beiden Händen auf der Sitzfläche des Stuhls ab und pusten Sie. Was bemerken Sie? Gehen Sie dann wieder in die Ausgangsposition zurück und nehmen Sie diese bewusst wahr.
- Strecken Sie die Beine nach vorn aus, bis Sie den Boden nur noch mit den Fersen berühren. Was ist neu? Setzen Sie sich anschließend wieder gerade auf die Stuhlkante, pusten Sie und nehmen Sie wahr. In welcher Haltung konnten Sie tiefer atmen? In welcher fühlten Sie sich sicherer?

Neue Kraft schöpfen

Vor allem Frauen fühlen sich durch Familie und Beruf oft doppelbelastet, doch auch viele Männer erleben immer wieder Phasen, in denen sie mit Karriere, Familien- oder Beziehungsalltag und weiteren Interessen jonglieren und zu scheitern drohen. Ob es nun darum geht, den Kinderwunsch und die gleichzeitige Selbstverwirklichung im Beruf unter einen Hut zu bekommen oder den Anschluss an die neuesten Entwicklungen nicht zu verlieren: Unsere Lebenswelt mit ihrem beschleunigten Tempo und ihren komplexen Anforderungen beschert immer häufiger Gefühle von Überlastung, Kraftlosigkeit und Ohnmacht, die mit der Zeit an unserem Selbstwert nagen.

Phasen, in denen man sich kraftlos und überlastet fühlt, müssen nicht gleich zu einem Burn-out führen (siehe dazu auch S. 67ff.) – ernst nehmen sollte man sie dennoch. Wenn Sie das Gefühl haben, einen stetigen Balanceakt zu vollbringen, um den verschiedenen Ansprüchen gerecht zu werden, wenn Sie sich ausgepowert fühlen, hilft Ihnen die folgende Übung dabei, sich zu erden und wieder zu sich selbst zurückzufinden.

Mit dem Baum atmen und Energie tanken

Ein indianisches Sprichwort sagt: »Du kannst einen Baum nur verstehen, wenn du einen Atemzug lang unter ihm gesessen bist.« Eine indianische Medizinfrau aus Santa Fe erklärte mir, dass der Atemzug eines Baums einen Tag und eine Nacht dauert. Biologisch ist das korrekt: Am Tag atmet der Baum Kohlendioxid ein, nachts atmet er Sauerstoff aus. Dazu braucht er Wasser und Mineralien aus dem Erdreich, die er über die Wurzeln aufnimmt. Die Blätter absorbieren die elektrischen Partikel der Sonne und verwandeln sie im Prozess der Fotosynthese mithilfe des Chlorophylls in Sauerstoff. Sie können dieses Bild des Baums für die folgende Energie spendende Meditation nutzen, die aus mehreren Basiseinheiten (siehe S. 17f.) besteht und die Sie auch auf der beigefügten Audio-CD finden:

- Stimmen Sie sich zunächst mit einigen Atemzügen ein. Wenn Sie das Wort »Baum« hören – welches Bild von einem Baum entsteht dann vor Ihrem inneren Auge? Vielleicht werden Sie in Ihrer Vorstellung sogar zu diesem Baum, mitsamt Wurzeln, Stamm und Krone.

- Führen Sie eine Basiseinheit von zehn Atemzügen durch, wobei Sie beim Einatmen Flüssigkeit und Nährstoffe über Ihre Füße, die Wurzeln, aufnehmen. Während der Ausatmung und Pause steigen die Säfte nach oben in Richtung Stamm (Wirbelsäule) und Baumkrone (Kopf).
- Mit der folgenden Basiseinheit absorbieren die Blätter der

Silvias Atempause

Silvia hat ihre beiden Mädels aus dem Gröbsten raus und vor acht Monaten eine Dreiviertelstelle angetreten. Einerseits fühlt sie sich viel erfüllter und glücklicher, seit sie wieder arbeitet, andererseits fühlt sie sich auch oft überlastet. Besonders das Heimkommen zu Mann und Kindern fällt ihr schwer. Das Umschalten vom Arbeits- in den Mutter- und Partnermodus bereitet ihr die größten Schwierigkeiten. Die Kinder stürmen auf sie ein, wollen ihr ihre Schularbeiten und Zeichnungen zeigen und die kleinen und großen Triumphe und Niederlagen mit ihr teilen. Auch Silvias Partner lädt wie früher seine Sorgen bei ihr ab.

Eines Tages kam Silvia auf die Idee, eine S-Bahn-Station früher auszusteigen. Von dort nach Hause sind es zu Fuß noch rund 20 Minuten. In den ersten Minuten stellt sie sich vor, wie der Wind ihr die Gedanken an die Arbeit aus dem Kopf pustet. Danach achtet sie einige Minuten lang nur auf ihre Atmung und ihre Schritte, bis sich ihr Herz und ihre Gedanken für ihre Kinder und ihren Partner öffnen können. Manchmal dreht sie noch eine Extrarunde, denn sie genießt die Zeit nur für sich, in der sie Atem schöpfen und auftanken kann.

Baumkrone das Sonnenlicht, das als Energie – in Form von Photonen – in das Blattwerk eindringt.

- Wiederholen Sie Schritt 2 und 3 der Übung mehrmals.
- Nach einer gewissen Zeit werden sich das Sonnenlicht und die Nährstoffe möglicherweise auf Herzhöhe, also in der Mitte des Stamms treffen; sie werden sich gegenseitig durchdringen und eine Synthese miteinander eingehen. Es entstehen Energien, die sich als Stärke, Wachstum und Lebendigkeit ausbreiten: das Bewusstsein, lebendiger Teil der Natur und mit allem verbunden zu sein.

Mit Krisen umgehen lernen

So mancher Chef hat gut reden angesichts von Krisen wie dem Zusammentreffen aller denkbaren Probleme zu einem Zeitpunkt. Er habe gehört, die Übersetzung des chinesischen Wortes für Krise bedeute auf Deutsch so viel wie Chance; er klopft dem gestressten Mitarbeiter jovial auf die Schulter und gibt ihm die guten Ratschläge, in Krisensituationen Ruhe zu bewahren, Prioritäten zu setzen und Aufgaben zu delegieren.
Probieren Sie es in stressigen Situationen mit der Basisatmung (siehe S. 15ff.). Versuchen Sie außerdem, Ihre Termine so zu legen, dass Sie sich in

Die Bereichsleiterkonferenz

In sieben Minuten ist Bereichsleiterkonferenz, das Telefon klingelt, ich habe noch 87 unbearbeitete E-Mails, und in der Bürotür steht meine Kollegin und erzählt mir von ihren privaten Problemen. In solchen Situationen weiche ich als Erstes so weit wie möglich in meinen Sessel zurück und presse den Rücken gegen die Lehne, als stünde ich mit dem Rücken zur Wand. Dann straffe ich mich. Jetzt sitze ich aufrecht und hole tief Luft. Innerhalb von Sekunden prüfe ich meine Prioritäten: Die Bereichsleiterkonferenz entscheidet über Wohl und Wehe dieser Abteilung, also über die Arbeitsplätze aller Kollegen unter meiner Leitung. E-Mails kann meine Stellvertreterin vorläufig durchschauen und all die beantworten, die sie zu beantworten vermag. Meine Kollegin muss mit ihren Problemen warten, bis ich von der Konferenz zurück bin.

Nachdem ich all dies geregelt habe, begebe ich mich – bewusst fünf Minuten zu früh – zur Sitzung. Jetzt habe ich – wenn auch nur ein paar Minuten – Zeit für einige Runden Basisatmung: um zu mir zu kommen, um mich wieder zu spüren, um meine Mitte zu finden und mich innerlich vorzubereiten.

Ruhe darauf vorbereiten können – das gibt Ihnen das Gefühl von Kontrolle zurück und senkt somit den Stresspegel.

Sich verankern

Mit Krisen können Sie nur dann richtig umgehen, wenn Sie buchstäblich festen Boden unter den Füßen haben. Den verlieren Sie, wenn Sie mit übereinandergeschlagenen Beinen dasitzen, mit dem Stuhl wippen, darauf herumzappeln oder den Fuß auf die Fußkante statt auf die ganze Sohle stellen. So verlieren Sie an Sicherheit: Das Fundament, das sonst unseren Körper trägt, fehlt. Zu einer guten Verankerung trägt die folgende kleine Übung bei. Sie können sie auf einem Stuhl sitzend oder auch im Stehen durchführen.

- Spüren Sie Ihre Fußsohlen auf dem Boden. Möglichst die ganze Fläche der Sohle hat Kontakt mit dem Boden. Nehmen Sie wahr, wie der hohle Teil des Fußes von diesem Kontakt ausgespart bleibt.
- Können Sie sich vorstellen, wie der Boden sich buckelt, von unten gegen die Sohlen drückt und Sie stützt? Lassen Sie sich stützen!
- Vermögen Sie, beim Ausatmen die Luft in Gedanken über die Beine und Füße in den Boden zu schicken? Lassen Sie die Füße schwer werden und sich im Fundament verankern oder verwurzeln.
- Spüren Sie nach: Was ist jetzt da, das vorher nicht da war?

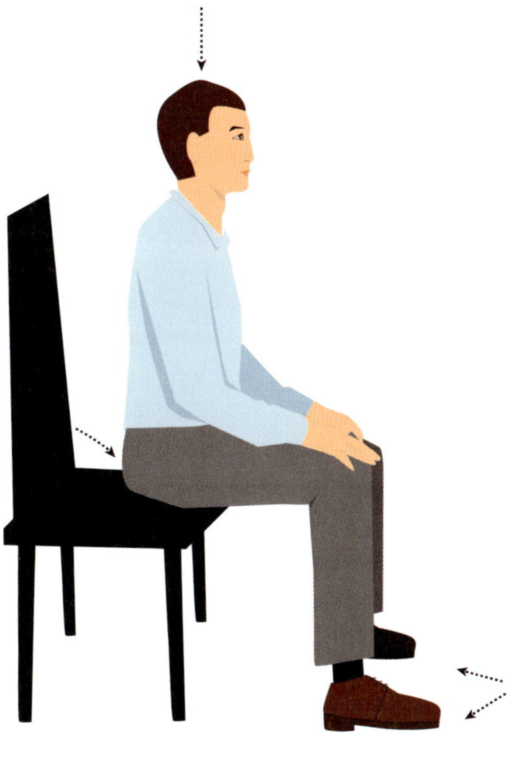

Entscheidungen fällen

Kaum jemand trifft gern berufliche oder private Entscheidungen, meist schieben wir diese lieber vor uns her. Für die Arbeitswelt haben sich im Rahmen verschiedener Tests vier Kategorien von Mitarbeitern herauskristallisiert, die vier unterschiedlichen Entscheidungsprofilen entsprechen: Die dominanten Typen neigen zu einsamen, risikoreichen Entscheidungen aufgrund weniger Kriterien. Die Kommunikativen müssen die Meinungen aller gehört haben und sich rückversichern, dass sie die Entscheidung mit möglichst viel Harmonie fällen können. Die Teamplayer streben entweder nach Konsens oder versuchen, das gesamte Team in Richtung ihrer Meinung zu steuern. Die Gewissenhaften sammeln, rechnen und gehen wiederholt alle Fakten und Zahlen durch, um bloß keinen Fehler zu machen; deshalb kommen sie allerdings selten zu einer Entscheidung.
Wahrscheinlich haben auch Sie sich bereits in einem der vier Typen wiedererkannt – und haben gesehen, dass jeder dieser Typen, auf sich allein gestellt, kaum zu guten Entscheidungen kommt. Vielleicht steht bei Ihnen im Moment ein wichtiger Entschluss an. Versuchen Sie es einmal mit folgender Übung: Ziehen Sie sich an einen ruhigen Ort zurück und nehmen Sie sich vor, diesen Ort erst wieder zu verlassen, wenn Ihre Entscheidung gefallen ist. Beginnen Sie nun mit der Basisatmung (siehe S. 15ff.). Die Entspannung und Zentrierung werden Ihren Geist klären, sodass es Ihnen nach einiger Zeit nicht mehr schwerfallen wird, zu einer schlüssigen Lösung zu gelangen.

Der heiße Stuhl

Sinnvolle Entscheidungen können auch fern des Büros getroffen werden, manchmal hilft dies sogar. Die Basisatmung lässt sich beispielsweise auch in jeder Phase eines Saunagangs bestens anwenden. Nehmen Sie sich nach der für Sie sonst üblichen Zeit vor, darüber hinaus noch einige Basisatemzüge länger – wie viele entscheiden Sie je nach Tagesform – in der Sauna zu bleiben. Die Konzentration auf die Atmung wird die Stimmen in Ihrem Inneren, die Ihnen in Ihre Entscheidung reinreden wollen, zum Schweigen bringen. Schweiß und Hitze erzeugen den gewünschten Druck, sodass Sie am Ende des selbst gewählten Atemzyklus die Grübelei aufgeben und zu Ihrer Entscheidung gelangen – schon allein deshalb, weil Sie nun den »heißen Stuhl« verlassen dürfen.

Kreativität steigern

Neben der fachlichen Qualifikation und den sogenannten Soft Skills, der sozialen Kompetenz, gehört Kreativität heute zu den wichtigsten Eigenschaften im Berufsleben. Immer wieder neue Lösungen für Probleme zu finden, einfallsreich, geistig beweglich und offen zu bleiben sind jedoch nicht nur wichtige Voraussetzungen für beruflichen Erfolg – auch im Privatleben kann man enorm davon profitieren.

Das Problem mit guten Ideen ist allerdings, dass sie sich grundsätzlich nicht erzwingen lassen. Ganz im Gegenteil: Je angestrengter man danach sucht, desto seltener taucht überhaupt eine Idee auf. Während verkrampftes Nachdenken die Kreativität blockiert, können Entspannung und Loslassen ganz unverhofft zu neuen Inspirationen führen. Manche Unternehmen sind deshalb bereits dazu übergegangen, die Kreativität ihrer Mitarbeiter nicht mehr durch ein entsprechendes Training zu steigern, sondern sie im Meditieren zu schulen, um gleichzeitig Stress abzubauen. Beim Meditieren lässt die Anspannung nach, die die gezielte Suche nach einer Idee meist hervorruft, und Lösungen können sich ganz wie von selbst einstellen. Dies gilt besonders, wenn beim Meditieren die Fantasie angeregt wird, wie in der folgenden Übung.

In der eigenen Atmung verschwinden

Meine indianische Lehrerin brachte mir bei, wie man mithilfe der Atmung innere und äußere Grenzen überwindet. Die Übung finden Sie auch auf beigefügter Audio-CD. Ziehen Sie sich dafür an einen ungestörten Ort zurück und führen Sie zunächst eine Basiseinheit (siehe S. 17f.) durch. Können Sie den nächsten Atemzügen dann nach innen folgen? Durch Nase, Mund und Luftröhre bis tief in die Lunge und von dort weiter ins Körperinnere? Der Sauerstoff tritt durch die Zellmembran der Lunge, wird vom Blut aufgenommen und weitertransportiert.

Würde man einen Stein in einen unendlich großen See werfen, so würden sich die Wellen weiter und weiter ausbreiten bis über den Horizont hinaus. Können Sie sich vorstellen, dass sich in ähnlicher Weise auch der Atemzug innerlich bis in die Unendlichkeit fortsetzt? Wie er die Zellen erreicht, das Innere der Zellen durchströmt und dort schließlich zwischen den Molekülen und Atomen verschwindet? Vermögen Sie, mit jedem Atemzug in diese tiefsten Tiefen eintauchen? Sie dürfen sich dem Sog hingeben, sich fallen lassen und – wenn es Ihnen sicher erscheint – im Unendlichen des Mikrokosmos verschwinden.

Sie können die Übung an dieser Stelle beenden und ihr noch eine Weile nachspüren. Oder Sie gehen in die Gegenbewegung und folgen nun in Ihrer Vorstellung den Schwingungen der Atmung nach außen.

Wie wäre es, wenn sich die Atmung in der Luft fortsetzte, zum Himmel aufstiege, hoch zu den Wolken, jenseits der Wolken die Stratosphäre suchte? Dann könnten die Schwingungen der Ausatmung schon das Kraftfeld der Erde verlassen haben, dann Sonnensystem und Milchstraße … Bis die Atmung irgendwann zwischen den vielen tausend Galaxien verebbte … Können Sie die Weite und Stille auf sich wirken lassen, ganz in sie eintauchen? Wenn Ihre innere Stimme vielleicht irgendwann entzückt ausruft: »Herrlich, du denkst gerade nicht!«, stellen Sie fest: »Das war das Ende der Stille, jetzt hat mein Verstand wieder gedacht!«

Burn-out entgegenwirken

Auf die kürzeste Formel gebracht, trifft Burn-out die Menschen, die in ihrer Kindheit wenig Verständnis für ihre wahren Bedürfnisse fanden, nie angenommen wurden für das, was sie waren, und auf zu wenig Lob und Gegenliebe stießen. Gleichzeitig entwickelten sie einen sehr hohen Leistungsanspruch an sich selbst. Und so leisten und leisten und leisten sie heute noch und lechzen nach Lob, das nicht kommt; falls es doch kommt, nehmen sie es nicht an, weil sie immer noch denken, dass sie es nicht wirklich verdienen. Lange Zeit laufen dann alle Systeme auf Rot – und der Kurzschluss kommt von einem Moment auf den anderen. Im Vorfeld könnte man die Katastrophe kommen sehen, würde man die Variabilität der Herzrate vermessen, was ich bei meinen Patienten mache.

Überholte Verhaltensmuster auflösen

Svens Beispiel (siehe S. 69) zeigt, wie aus Überzeugungen Realitäten werden können, die uns mitunter enorm schaden. Aus einem möglicherweise traumatischen Erlebnis heraus empfinden wir uns für den Rest unseres Lebens als »zu kurz gekommen«, »betrogener Ehemann«, »Frau, die keine Kinder bekommen kann« oder »ausgenutzter Angestellter«. Daraus wiederum entwickeln sich Verhaltensmuster – in Svens Fall ein Nicht-nein-sagen-Können –, die Burn-out einen perfekten Nährboden bieten. Deshalb ist es wichtig, Verhaltensmuster zu erkennen und – sollten sie sich als überholt oder wenig nützlich erweisen – aufzulösen oder gegen etwas Nützlicheres einzutauschen. Wenn wir dann später auf die abgelegten Verhaltensmuster zurückblicken, können wir über sie schmunzeln.

Dem, was sich zu einem Verhaltensmuster verkrustet hat, sind vorher, wie oben erwähnt, Überzeugungen und damit Gedanken vorausgegangen. Stellen Sie sich einmal vor, jeder Ihrer rund 53 000 Gedanken pro Tag

Endlose Papierflut: Wenn wir unsere Gedanken ausdrucken könnten …

würde ausgedruckt: Welch eine Verschwendung von Rechenzeit, elektrischer Energie und Papier! Welch eine sinnvolle Aufgabe, einen solchen Wildwuchs zu vereinfachen und zu reduzieren, indem Sie den inneren Beobachter durch Meditation kultivieren! Deshalb lautet die Devise: Vereinfachen Sie Ihr Denken!

Versuchen Sie, Ihre weniger nützlichen Überzeugungen und Lebensgeschichten zu identifizieren. Beobachten Sie sie. Nehmen Sie die gewohnten, liebgewonnenen Verhaltensmuster wahr. Aus welcher Lebensphase stammen sie (Kleinkind, Kind, Pubertät, junger Erwachsener …)? Wurden Sie gekränkt oder ungerecht behandelt? Was ist Ihnen wichtiger: Gesund zu werden oder recht zu behalten? Stellen sich durch den Prozess des Beobachtens Alternativen zu den Mustern ein? Können Sie sich Alternativen ausdenken? Können die neuen Handlungsmöglichkeiten zu Ihrem neuen, nützlicheren Verhalten werden? In welchen Situationen können Sie den neuen Verhaltensentwurf in den nächsten drei Tagen ausprobieren?

Mehr Wahlmöglichkeiten und Freiheiten im Alltag

In vielen Fällen erschließt sich der ursprüngliche Sinn eines wenig nützlichen Verhaltensmusters, wenn wir in die Perspektive zurückkehren, aus der es stammt.

So hat für den 3-jährigen Max ein Jähzornsanfall den Nutzen, sich beispielsweise gegen seine beiden älteren Geschwister durchzusetzen und sich den Platz zu verschaffen, den er anders nicht bekommt. Dasselbe Verhalten mit 30 oder 40 Jahren wirkt deplatziert und wenig nützlich. Würde der erwachsene Maximilian nur in einem von zehn Fällen den sich

Svens Anleitung zum Ausbrennen

Die Polizei fand Sven weinend in seinem BMW Z4 auf dem Standstreifen im Stadtautobahntunnel. Der 36-jährige Banker hatte den Zusammenbruch nicht kommen sehen, aber sehr wohl an all den Stellschrauben gedreht, die ihn ausbrennen ließen. Voller Selbstironie entwarf er später folgende Anleitung zum Ausbrennen:

- Man benutze stets die Wörter »ja«, »gern«, »selbstverständlich«, »jederzeit«, vermeide aber das Wörtchen »nein«.
- Man nehme seine Arbeit wichtiger als Freunde, Familie und den eigenen Partner bzw. die Partnerin.
- Man glaube, ohne einen ginge es nicht, und wehe, wenn doch.
- Man nehme sich täglich vor, das Unmögliche zu schaffen.
- Man erliege dem Irrglauben, Liebe ließe sich durch Leistung erkaufen und Anerkennung nur durch harte Arbeit.
- Man handle nach dem Motto: Wer hart arbeitet, braucht dafür einen noch härteren sportlichen Ausgleich.
- Man sei ständig und für jeden über Handy, Blackberry, Laptop etc. erreichbar.

Um in Zukunft gesünder zu leben, traf Sven einige Grundsatzentscheidungen:

- Er legt einen Tag »Medienabstinenz« pro Woche ein: kein Handy, keine E-Mails, kein Fernsehen.
- Er checkt seine Mails weniger oft und schaltet das Geschäftshandy um 18 Uhr aus.
- Er steht Beurteilungsgesprächen mit Vorgesetzten gelassener gegenüber und muss nicht immer der Beste sein.
- Ab und zu legt er Tage ein, an denen er einfach faul sein und sich treiben lassen darf.
- Er plant Urlaube als echte Auszeit mit moderaten Aktivitäten.
- Er nimmt sich jeden Tag Zeit für etwas, das ihm Freude bereitet, ihn nährt und anderen näher bringt.
- Zwischendurch praktiziert er die Basisatmung (siehe S. 15ff.).

anbahnenden Anfall bemerken und vermeiden, hätte er schon zehn Prozent seines Verhaltens erfolgreich umgestellt.

Deshalb biete ich zum Ende einer Therapie oft eine Hinführung zu meditativen Techniken und bewussterer Wahrnehmung an. Der Gang zum Psychotherapeuten verletzt uns immer auch ein bisschen, weil wir uns dadurch eingestehen, Hilfe zu brauchen. Eigentlich sind wir im Kern alle so in Ordnung, wie wir in diese Welt kamen; doch sind manche von dieser Erkenntnis abgeschnitten worden und brauchen einen »Begleiter« – nichts anderes bedeutet das aus dem Griechischen stammende Wort »Therapeut«. Wenn schließlich mittels Therapie genügend Ballast abgeworfen werden konnte, fällt das Meditieren leichter, und man kann sich aus eigener Kraft auf den Weg machen.

Erkennen die Suchenden auf ihrem meditativen Weg schließlich, dass sie die Antwort – nämlich in Ordnung zu sein – längst in sich tragen, kann der Verstand die müßige Fragerei beenden. Dann wendet sich das Denken seinem ureigensten Geschäftsfeld zu: alltägliche Entscheidungen zu treffen. Allmählich entfällt die Quälerei, sich selbst infrage zu stellen und vermeintliche Defizite auszugleichen. Die Gedanken werden weniger, der Verstand wird ruhiger.

Umgang mit Bedürfnissen

Allgemein wird angenommen, dass körperliche Bedürfnisse wie Hunger, Durst, sexuelles Verlangen oder Schlaf nicht willentlich gesteuert werden können. Dennoch haben viele Religionen Ideale aufgestellt, mit denen diese Bedürfnisse kontrolliert werden sollen. Bei Nichteinhaltung drohen sie zumindest mit einem schlechten Gewissen, wenn nicht gar mit Schlimmerem – ein perfekter Mechanismus, um Probleme zu schaffen, wo vorher gar keine waren!

Denn verleugnet man körperliche Bedürfnisse und treibt Fasten, Enthaltsamkeit und Askese auf die Spitze, erklärt der Kopf dem Körper damit gewissermaßen den Krieg. Doch irgendwann holt sich der Körper, was er braucht, und zwar meist über das Hintertürchen. Dann wird während der Fastenzeit heimlich und hastig der Kühlschrank geplündert, denn alle verbotenen Handlungen, die mit Schuld und Scham assoziiert werden, vollziehen wir heimlich und hastig. Die Befriedigung allerdings bleibt dabei auf der Strecke.

Wo jedoch keine Befriedigung entsteht, muss die Handlung wiederholt werden oder sich auf Ersatzbefriedigungen verlagern. So entsteht Sucht. Die Instinkte selbst kann niemand kontrollieren; wir können jedoch auf ihre Signale achten, sie rechtzeitig und in Maßen befriedigen und so Gier und Sucht vermeiden. So geben wir dem Körper die Souveränität über seine Bedürfnisse zurück.

Negative Affirmationen

Grundsätzlich ist es wenig sinnvoll, sich etwas, das man gern mag, strikt und unter Androhung des schlechten Gewissens zu verbieten. Wenn Sie beispielsweise gern Schokolade essen und aus Gewichtsgründen beschließen, ab morgen darauf zu verzichten, ist die nächste Heißhungerattacke schon vorprogrammiert.

Befehle, Gebote und Verbote sind beim Umgang mit Bedürfnissen – auch suchtartigen wie dem Rauchen – völlig fehl am Platz. Wenn Sie mit dem Rauchen aufhören wollen, sollten Sie sich deshalb nicht vornehmen: »Ich will nicht mehr rauchen«, sondern: »Ich atme ab jetzt nur noch frische Luft«. Negative Affirmationen – ich nenne sie gern »Naffirmationen« – funktionieren nicht, weil unser Unbewusstes die Negation nicht versteht. Das beste Beispiel dafür ist der berühmte rosa Elefant. Wenn Ihnen jemand sagt: »Denken Sie jetzt NICHT an einen rosa Elefanten« – was glauben Sie, woran Sie garantiert denken?

Bodyscan – die große Tour

Der Bodyscan ist eine bewährte Methode, um mehr Aufmerksamkeit für den eigenen Körper und seine Bedürfnisse zu entwickeln. Sie nehmen dabei jeden Körperteil nach und nach bewusst wahr. Sie finden die Übung auch auf der beigefügten Audio-CD. Suchen Sie sich einen Platz, an dem Sie ungestört sind und die nächsten 20 Minuten bequem sitzen oder liegen können: Arme und Beine sind nicht überkreuzt, Unterarme, Hände und Finger ruhen auf einer Unterlage wie einer Matratze, einer Lehne oder den Oberschenkeln, die Augen sind ganz oder fast geschlossen.

Wie geht es Ihnen jetzt, kurz vor der Übung? Schätzen Sie Ihren momentanen Zustand auf einer Skala von 1 bis 10 ein, wobei 1 den schlechtesten und 10 den besten Wert darstellt. Ziehen Sie nun Ihre Aufmerksamkeit von Ihren Gedanken und Ihrer Umgebung ab und lenken Sie sie nach innen in Ihren Körper. Wenn Sie Ihr inneres Auge auf den kleinen Finger der rechten Hand richten, wie nehmen Sie ihn wahr? Spüren Sie die Berührung der Fingerbeere auf der Unterlage? Die Temperatur des Fingers? Seine Lage im Raum? Verändert sich etwas, nun, da er in den Fokus der Aufmerksamkeit gerückt ist? Lassen Sie sich ein bis drei Atemzüge Zeit für seine intensive Wahrnehmung. Tauchen störende Gedanken auf, legen Sie sie auf die Mailbox (siehe S. 24f.).

Richten Sie nun Ihre Aufmerksamkeit auf den Ringfinger der rechten Hand und verfahren Sie ebenso wie beim kleinen Finger. Danach folgen für jeweils einen Basisatemzug Mittelfinger, Zeigefinger, Daumen, Handfläche, Handrücken, Handgelenk, Unterarm, Ellbogen, Oberarm, Brustmuskel, Schulterblatt. Vielleicht fühlt sich der wahrgenommene Körperteil wärmer an als vorher; vielleicht dehnt er sich aus, wird schwerer und sinkt tiefer in die Unterlage. Wiederholen Sie diesen Teil der Übung nun mit dem linken Arm. Anschließend vergleichen Sie beide Arme miteinander: Fühlen sich beide Arme anders an als zu Beginn? Spüren Sie Unterschiede zwischen rechtem und linkem Arm? Nehmen Sie die beschriebenen Entspannungszeichen – warm, schwer, ausgedehnt – wahr? Bei allen Teilen des Arms oder nur bei einigen?

Wenn Sie bereits Entspannungszeichen wahrnehmen, setzen Sie den Bodyscan fort. Richten Sie Ihre Aufmerksamkeit nun in derselben Weise wie vorher auf Nacken, Hinterkopf, Gesicht, Hals, Brustkorb und Bauch. An Brustkorb und Bauch können Sie wahrnehmen, wie sich ihre Oberflächen beim Atmen heben und senken; zudem spüren Sie den Kontakt der Haut mit der Kleidung.

Wenden Sie sich nun Ihrem rechten Bein zu: Oberschenkel, Kniescheibe, Kniekehle, Unterschenkel, Ferse, Zehen, vom kleinen bis zum großen, Fußsohle. Wiederholen Sie den Vorgang anschließend für das linke Bein.

Führen Sie danach noch einmal eine Bestandsaufnahme durch. Welche Unterschiede im Vergleich zu vor der Übung nehmen Sie wahr:

- Im gesamten Körper
- In der rechten Körperhälfte
- In der linken Körperhälfte

Wenn Bedürfnisse durcheinanderkommen

Sarah ist 1,71 Meter groß und wiegt jetzt wieder 42 Kilogramm. In die Klinik wurde sie mit 39 Kilogramm eingeliefert, als ihr Untergewicht bedrohliche Ausmaße erreicht hatte. Ihre Freundinnen, Geschwister und Eltern sahen sie als schlank oder dünn an – sie selbst findet sich zu dick, wenn sie in den Spiegel schaut. Dann lässt sie die nächste Mahlzeit aus und geht noch eine Stunde länger joggen. Sarah hat das richtige Maß für ihren Körper verloren, sie spürt ihre Bedürfnisse nicht mehr, auch keinen Hunger. Auf ähnliche Weise können auch andere körperliche Bedürfnisse durcheinandergeraten. Hier hilft es, sich durch Meditation einmal ganz auf den eigenen Körper zu konzentrieren, um die Signale, die er sendet, wieder verstehen zu können.

Wie viel mehr Entspannung nehmen Sie im Vergleich zum Beginn der Übung auf der Skala von 1 bis 10 wahr? Freuen Sie sich über jeden einzelnen Fortschritt!
Zum Abschluss der Übung können Sie, wenn möglich, noch einmal alle überflüssige Spannung abgeben: Vermögen Sie, Arme, Beine, Finger und Zehen zu »Abflussrohren« zu machen, über die Sie mit drei tiefen Atemzügen Unerwünschtes nach außen schicken? Dies verlässt Sie über Finger, Zehen und Fußsohlen für immer. Prüfen Sie ein weiteres Mal mithilfe der Skala von 1 bis 10, ob Ihre Entspannung angestiegen ist.
Zählen Sie nun von 1 bis 10. Ab 5 können Sie beginnen, sich zu bewegen, sich zu recken und zu strecken, die Augen zu reiben, zu gähnen, um sich dann langsam aufzusetzen. Betrachten Sie erst sich und dann Ihre Umgebung mit – neuen – Augen. Fühlen Sie sich nun frischer, bewusster und lebendiger?

Meditation in der Beziehung

Meditieren war fast nie eine einsame Sache! Immer schon schlossen sich die Suchenden zu Partnerschaften und Gruppen zusammen, um sich auszutauschen, voneinander zu lernen und ihr Leben miteinander zu teilen. Asketen und Einsiedler bilden da eher die Ausnahme.
In einer Beziehung reicht das Ich hinaus zum Du. Gerade im Miteinander hilft es, wahrzunehmen und mit den Stimmungen, Gefühlen und Gedanken des Gegenübers einen achtsamen Umgang zu pflegen. Auch die Persönlichkeit des Partners ist eine Vielheit aus Über-Ich, Tagperson und inneren Kindern. Je vertrauter Sie mit dem Konzept des Beobachtens sind, desto respektvoller können Sie mit Ihrem Partner umgehen. Und vielleicht können Sie sogar mit dem Partner meditieren, was die Beziehung oft vertieft und zusammenschweißt.

Max & Clarissa

Max und Clarissa gehören zu den DINKS – Double Income No Kids –, arbeiten in verschiedenen Städten und sind beide sehr erfolgreich. Sie sehen sich nur an den Wochenenden – und müssen dann oft erst einmal wieder zueinanderfinden und lernen, wieder Nähe zuzulassen. Dabei helfen ihnen die beiden folgenden kleinen Übungen:

- Bei einem Spaziergang können sie den gemeinsamen Genuss steigern, indem sie »menschliche Kamera« spielen: Clarissa schließt die Augen und lässt sich von Max vertrauensvoll führen. Max richtet Clarissas Kopf auf ein besonders schönes, ausgefallenes oder witziges Motiv und sagt dann: »Klick«. Wie eine Kamera öffnet Clarissa nur für Sekundenbruchteile die Augen: Überraschung! Nach einigen Klicks tauschen Max und Clarissa die Rollen.

- Max und Clarissa müssen in ihren Berufen den ganzen Tag kommunizieren und so neigen sie aus Gewohnheit dazu, auch miteinander ständig zu sprechen. Doch auch zu zweit kann man sich daran freuen, einmal gemeinsam nichts zu sagen und – vielleicht – auch die Gedanken hinten anzustellen. Dabei liegen Max und Clarissa oft Arm in Arm oder in der Löffelchenstellung auf der Couch. Zum Glück fühlen sich beide bei so viel Nähe wohl, bei der man für den anderen viel präsenter ist als im Gespräch oder Tun. Nun könnten die beiden auch noch ihre Atmung synchronisieren (siehe S. 76).

Zu zweit atmen

Rasch wieder näher kommen sich zwei Partner, die sich nur selten sehen können, auch durch Fuß- oder Handmassagen. Das gibt Geber und Nehmer die Chance, ganz in ihrer gegenwärtigen Rolle aufzugehen. Damit stellen sie Präsenz sowohl im Tun als auch im Empfangen her. Die Tiefe jeder Massage wird noch gesteigert, wenn die beiden Partner ihre Atmung synchronisieren.

Dabei horcht jeder auf die Atemzüge des Partners. Wenn dieser ausatmet, atmet er ebenfalls aus. So entsteht Synchronizität. Und aus diesem gemeinsamen Rhythmus entstehen echte Nähe und Harmonie. Das lässt sich auch auf die körperliche Liebe übertragen: Die gegenseitige Achtsamkeit auf die emotionalen und körperlichen Regungen des Partners schafft Vertrauen und baut Harmonie auf, was wiederum zum gegenseitigen Fallenlassen und zur Verschmelzung beiträgt. Auch hier ist die Atmung der entscheidende Schlüssel: Der Rhythmus des anderen wird auch der eigene Rhythmus.

Mit Kindern meditieren

Meditieren mit Kindern geht immer dann am besten, wenn es spielerisch angeboten wird. Kinder wollen knifflige Sachen lernen, bei denen sie Körper und Geist einsetzen können, um ihre Fähigkeiten zu testen. Dabei können auch Aktivitäten eine Form von Meditation sein, die wir Erwachsenen zunächst nicht als solche erkennen würden.

Für Meditationen mit Kindern eignen sich auch Fantasiereisen, die den Kindern für einen Moment Abstand zum Alltag schenken. Sie regen das Vorstellungsvermögen an, und die Kinder können lernen loszulassen. Sie erleben ihre inneren Welten und schöpfen aus sich heraus wieder Kraft. Aus diesem Grund werden in Kindermeditationen vor allem die Sinne angesprochen und sensibilisiert. Die Meditation sollte kurz sein und am Anfang nicht länger als fünf bis sieben Minuten dauern. Später können es dann zehn bis fünfzehn Minuten sein. Kinder sind in der Regel sehr offen und nehmen in der kurzen Zeit so viele Aspekte wahr, dass sie nicht mit zu viel Inhalt überfordert werden sollten.

Meditation einmal anders

Akrobatik bringt Kinder in Kontakt mit dem Moment. Deshalb hat mein Nachbar für seine drei Söhne im Alter von 7, 9 und 11 Jahren eine Slackline angeschafft. Atem und Balance koordinieren, im Augenblick verweilen, Gefühle, die von Enttäuschung in Freude wechseln – das finden die drei faszinierend. Jetzt stehen auch die Erwachsenen aus der Straße an und wollen den Drahtseilakt probieren.
Um die ständigen Revierkämpfe zwischen den Jungen zu kanalisieren, besorgte mein Nachbar außerdem Bataca-Keulen – gepolsterte Schläger aus Schaumstoff, mit denen sich verletzungsfrei kämpfen lässt. So ein Turnier erhitzt die Gemüter, fordert Konzentration in jedem Augenblick und übt Koordination und Schnelligkeit. Irgendwann ist auch der größte Hitzkopf wieder abgekühlt, und die Jungs haben sich gut erschöpft. Damit Chancengleichheit besteht, bekommen die stärkeren ein Handicap (eine Hand bleibt in der Hosentasche) oder der Schwächere einen Bonus (ein Sofakissen als Schild); ein Schiedsrichter achtet auf Fair Play.

Hilfe bei Schlafstörungen

Die drei Unterabteilungen des Ego – Tagperson, Moralhüter und innere Kinder (siehe S. 32ff.) – finden Schlaf langweilig. Sie haben noch tausend Ideen, Pläne und Gedanken, mit denen sie sich beschäftigen wollen. Einige von ihnen wollen sogar »unser Bestes« und suchen für uns nach Lösungen für Probleme oder grübeln über Auswege nach. Das alles hält das Hamsterrad im Kopf auf Trab. Dieser Schwung verteilt sich auf den ganzen Körper und erhöht Herzschlag, Atemfrequenz und Blutdruck. Schlaf würde genau das Gegenteil wollen.

Wohl noch aus der Zeit der Neandertaler gibt es grundsätzlich zwei Kategorien von Schläfern: Die einen gehören zu den »Faultieren«: Sie drehen sich auf die Seite und schnarchen los. Die anderen gehören zu den »Wächtern«: Sie brauchen eine oder mehrere Runden Einschlafprozeduren wie beispielsweise die folgende Übung, die Sie auch auf der beigefügten Audio-CD finden.

Drei-Stufen-Einschlafmeditation

▶ Stufe 1: Ent-sorgen Setzen Sie sich nach dem Zähneputzen bettfertig im Schlafzimmer auf einen Stuhl neben dem Bett, einen Papierkorb – echt oder imaginär – in Reichweite. Zerknüllen Sie nun in Ihrer Vorstellung alle überflüssigen und für das Schlafen wenig förderlichen Gedanken und entsorgen Sie sie im Papierkorb. Sie können das auch mit einer tatsächlichen Gebärde des Wegwerfens unterstreichen. In besonders hartnäckigen Fällen schreiben Sie einen echten Zettel und werfen ihn weg.

▶ Stufe 2: Spannungen abbauen und Gähnen Kombinieren Sie einen kurzen, aktiven Bodyscan mit tiefem, wohligem Gähnen. Ein- bis siebenmal gegähnt ist so gut wie einmal eingeschlafen: Strecken Sie sich im Bett aus und legen Sie sich entspannt auf den Rücken. Die Beine sind gestreckt, die Arme liegen locker neben dem Körper. Pressen Sie nun die rechte Handfläche und den rechten Unterarm deutlich spürbar, aber nicht zu heftig in die Unterlage und lösen Sie gleichzeitig den Gähnreflex aus (siehe S. 22f.). Erlauben Sie es sich, mit einem lauten Ton beim Gähnen möglichst alle innere Anspannung loszulassen. Wiederholen Sie dasselbe für die linke Hand und den linken Arm und gähnen Sie dabei wieder herzhaft. Drücken Sie nun den Kopf tief ins Kissen und gähnen Sie. Spannen Sie danach die Bauchdecke an – beim Loslassen gähnen Sie wieder. Drücken Sie zum Schluss die rechte Ferse in die Matratze – gähnen –, dann die linke – gähnen.

Sollten Gedanken auftauchen, die Sie nicht im Bett behalten wollen, werfen Sie sie vom Bett aus gezielt in den virtuellen – oder echten – Papierkorb. Stellen Sie sich außerdem vor, der Papierkorb nimmt die ganze Nacht Abfall auf und entsorgt ihn auch gleich.

▶ **Stufe 3: »Gute Nacht!«** Gönnen Sie sich noch einige Basisatemzüge (siehe S. 15ff.). Dies wäre dann auch die rechte Zeit für Ihre positiven Affirmationen, ein Nachtgebet, den Wunsch nach einem ruhigen und erquickenden Schlaf mit konstruktiven Träumen … Dann rollen Sie sich in Ihre Lieblingsposition und schlafen ein.

Wiederholen Sie Stufe 2 und 3, falls Sie noch immer nicht einschlafen können oder wieder aufwachen. Falls nötig, wiederholen Sie sie zehnmal. Irgendwann werden Sie bestimmt einschlafen.

Alkohol ist kein Einschlafmittel und sorgt nicht für regenerierende Ruhezustände. Deshalb den letzten Schluck Alkohol etwa eine Stunde vor dem Zubettgehen trinken. Die Idee des »Absackers« ist lediglich eine umsatzfördernde Maßnahme der Alkoholindustrie.

Ebenso unwirksam sind – wie im Umgang mit Bedürfnissen bereits erwähnt (siehe S. 71) – Gebote und Verbote. Wer sich im Bett herumwälzt und dabei denkt: »Du musst einschlafen! Wenn du nicht ausgeschlafen bist, kannst du morgen nichts leisten!«, erreicht mit dieser klassischen Naffirmation garantiert das Gegenteil und wird bestimmt noch lange nicht einschlafen können.

Meditation mit Gefühlen

Unser Gehirn ist nicht bloß ein Biocomputer, der mit Minivolt in Millisekunden aus Nullen und Einsen Gedanken generiert. Das Hirngewebe ist auch eine Drüse, die in Sekundenschnelle chemische Botenstoffe – Hormone – in die Blutbahn abgibt: Dann werden Gedanken blitzschnell in Gefühle umgewandelt. Diese wiederum wirken auf die Gedanken zurück.

Gefühle im Alltag

Karel hat neulich seinen Computer angebrüllt – wie es übrigens 80 Prozent aller Computerbenutzer gelegentlich tun. Karel könnte natürlich erst einmal die Adrenalinflut abflauen lassen, indem er Bill Gates fünf Minuten lang (auf die Uhr schauen!) die Meinung sagt und anschließend in die Basisatmung einsteigt. Kaum ein Mensch kann länger als fünf Minuten wütend schimpfen.

Jemand behandelt Susanne patzig in der Tram. Ein paar Basisatemzüge ihrerseits, und sie kann die schlechte Laune bei dieser Person lassen. Was kümmert es sie, dass dieser Jemand heute früh noch nicht gefrühstückt hat! Wahrscheinlich weiß der Typ nicht, was er tut! Statt in dessen Problem mitzugehen, bleibt sie lieber bei sich: Das ist wahre Unabhängigkeit, sowohl von äußeren Personen oder Ereignissen als auch von den Launen der inneren Kinder.

Fabian sitzt »gedankenverloren« in der U-Bahn, als er bemerkt, wie sein Gegenüber lächelt, und er lächelt auch. Er fragt sich: Was ist jetzt da, das vorher nicht da war? Verändert haben sich seine Atmung, sein Herzschlag, der Muskeltonus. Mit seinen lächelnden Gesichtszügen hat sich auch seine Stimmung geändert, und er nimmt seine Umwelt viel positiver wahr. Auch seine Gedanken folgen nun anderen, positiveren Bahnen.

Wir haben in den vorigen Kapiteln erfahren, wie wir unsere Gedanken zu Objekten unserer Beobachtung machen können. Wir konnten auch feststellen, dass sich das, was man beobachtet, verändert, dass der Prozess des Beobachtens also einen Einfluss auf die Gedanken hat. Bei Gedanken ist das noch leicht zu verstehen – wie aber verhält es sich bei Emotionen?

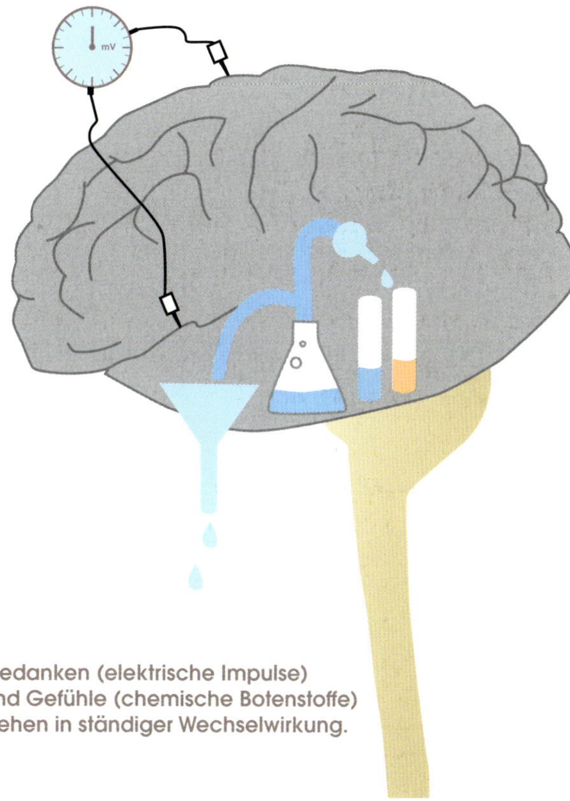

Gedanken (elektrische Impulse) und Gefühle (chemische Botenstoffe) stehen in ständiger Wechselwirkung.

Natürlich hängen Gedanken und Emotionen untrennbar zusammen. Ein Gedanke kann ein Gefühl auslösen, und Gefühle beeinflussen unser Denken. Ein Gedanke ist eine elektrische Entladung, die bald wieder in sich zusammenfällt; jedoch schafft sich das Denken dadurch Dauer, dass es Gefühle anstößt und unterfüttert.

Gefühle werden durch Hormone ausgelöst. Wenn Drüsen wie das Gehirn, die Schilddrüse oder die Nebennieren diese chemischen Substanzen ausschütten, bestimmt dies unser inneres Klima. Gleichzeitig steuern Gefühle unser Verhalten und lösen körperliche Reaktionen aus.

Ein Gefühl kann so stark sein – denken Sie nur an Jähzorn –, dass es alle gedanklichen Prozesse überwältigt. Aus der trichterförmigen Hirnanhangsdrüse treten die Botenstoffe blitzschnell in die Blutbahn: Wir erstarren vor Schreck, sehen rot vor Wut, halten aus Angst den Atem an, werden blind vor Liebe. Auch für den Prozess des Beobachtens bedeutet das meist »Land unter«. Denn starke Gefühle machen auch deshalb blind, weil als Erstes unser innerer Beobachter geblendet wird.

Erst der geübte Meditierer wird emotionale Wetterlagen im Auge behalten können. Er wird sie neutral und frei von Urteilen benennen und sich, wenn sie auftauchen, halblaut vorsagen: »Neid«, »Angst«, »Zorn«, »Liebe« ... und dabei bei der eigenen Atmung und im eigenen Zentrum bleiben, d. h. sie ungerührt vorbeiziehen lassen wie Wolken am Himmel. Lösen andere Personen starke Gefühle in Ihnen aus, etwa durch eine Beleidigung, auf die Sie besser nicht reagieren möchten, so können Sie es mit folgendem Satz probieren, den Sie sich innerlich zuflüstern: »Derjenige weiß nicht, was er tut (und ich weiß es meist ebenso wenig).«
Um innere Befindlichkeiten unvoreingenommen und neutral – unbeteiligt – wahrnehmen zu können, bedarf es ein wenig Übung und Vorbereitung. Die meisten Reaktionsmuster, die Gefühls- und Gedankenketten miteinander verzahnen, sind nicht nur blitzschnell, sondern stammen oft aus frühen Kindertagen, der Domäne des Es (siehe S. 35f.). Dennoch lernen wir gerade an solchen Alltagssituationen eine der größten Lektionen des Wahrnehmens: Reiz und Reaktion hinauszuzögern oder zu unterbrechen! Misstrauen wir einmal von vornherein jeder emotionalen Reaktion als unüberlegt und frühreif – wäre es dann nicht gut, wenn auf den Reiz nicht sofort eine Reizantwort, eine un-will-kürliche Reaktion, folgte?

Dunkle Gefühlswolken vorüberziehen lassen

Dieses Experiment empfiehlt sich, wenn Sie sich mit einem mittelschweren emotionalen Problem konfrontiert sehen, das Sie sich allein zu lösen trauen, weil Sie sich Linderung davon erhoffen.
Beginnen wir die Wahrnehmungsübungen zu Phänomenen der emotionalen Welt möglichst behutsam. Emotionen verlaufen gern in Spiralen, und wir bevorzugen absteigende Treppen, wenn es darum geht, eine starke Reaktion abzuflachen. Prüfen Sie deshalb nach einigen Basisatemzügen (siehe S. 15ff.) zunächst, wie es Ihrem Verstand, Ihrem Körper, Ihrer Stim-

mung und Ihren Gefühlen geht; dann benennen Sie das Gefühl so distanziert wie möglich (Neid, Ärger, Verletztsein etc.). Nehmen Sie sich vor, beim ersten Anzeichen von Verschlimmerung die Stopp-Übung (siehe S. 54f.) zu machen und das Experiment zu beenden, um medizinischen oder therapeutischen Rat zu suchen.

Wann oder wo hatten Sie in letzter Zeit eine leichte bis mittelschwere Konfrontation mit einem anderen Menschen (Mitarbeiter, Freund etc.)? Rufen Sie die Szene in der Gegenwart auf, indem Sie Worte und Gefühle jetzt wieder präsent werden lassen. Nutzen Sie die Basisatmung und die Haltung als Beobachter, um den ablaufenden Prozessen beizuwohnen. Verzichten Sie auf jedes Urteilen und Werten. Schaffen Sie es heute, als distanzierter Beobachter neben sich zu stehen, im Augenblick zu verharren und die Gefühlswolke vorüberziehen zu lassen, ohne mit Ihren Gefühlen auf sie aufzuspringen und den Prozess damit zu verlängern?

Prüfen Sie nun wieder Verstand, Körper, Stimmung und Gefühle und benennen Sie, was neu ist. Verstärken Sie angenehme Emotionen wie Kraft, Freude und Erleichterung mithilfe einiger Atemzüge.

Logenplatz – emotionale Distanz üben

Ärger, Wut und Zorn sind menschliche Gefühle, die in bestimmten Situationen durchaus notwendig sind und ihren Zweck erfüllen. Wichtig ist jedoch, sich von diesen Gefühlen nicht überrollen zu lassen. Dafür müssen wir unser Bewusstsein und unsere Wahrnehmung schärfen – erst dann kann der innere Beobachter auf den Plan treten. Eine gute Übung, Distanz zu den eigenen Gefühlen zu entwickeln, ist der »Logenplatz«. Nehmen Sie an einem Ort Ihrer Wahl ungestört und bequem Platz. Sicherlich erinnern

Sie sich an ein Kino, in dem Sie sich wohlgefühlt haben. Stellen Sie mit einigen Basisatemzügen (siehe S. 15ff.) die Atmosphäre eines Besuchs dort wieder her und setzen Sie sich dabei in Ihrer Vorstellung in die letzte Reihe. Von dieser sicheren und distanzierten Position aus könnten Sie das Experiment wagen, beispielsweise einen Streit, der Sie noch umtreibt, auf der Leinwand erneut mitzuerleben. Beim Beobachten können die folgenden Fragen nützlich sein:

- Inwiefern führt das Wahrnehmen aus der Distanz zu frischen Einsichten? Oder erregt die Situation erneut Teile Ihres Gemüts?
- Wie alt ist der Teil in Ihnen, der sich so erregt hat? 3, 13 oder 30 Jahre?
- Was müssten Sie an der Handlung verändern, damit Sie a) die Szene relativ unberührt ablaufen sehen oder b) über die Szene schmunzeln könnten?

Sollte Ihr Zorn verraucht sein, wäre es hilfreich, dieselbe Situation einige Stuhlreihen näher an der Leinwand erneut abzuspulen und sich dabei zu beobachten. Dann könnte die nächste Stufe der Deeskalation angegangen werden. Beobachten Sie hier erneut die Situation in Ihrem Inneren:

- Was können Sie feststellen? Was ist jetzt da, das vorher nicht da war?
- Wie hat sich Ihr Gemütszustand verändert?
- Wie alt war der Anteil in seiner vollen Wut? Wie alt sind Sie jetzt? Wurden Sie erwachsener?
- Können Sie über die ganze Affäre mehr schmunzeln als vorher?
- Wer hat Sie dabei beobachtet und ohne Urteil wahrgenommen? Können Sie für diesen Beobachter Dankbarkeit und Respekt empfinden?

Arbeiten Sie sich auf diese Weise langsam, aber sicher eine Stuhlreihe nach der anderen nach vorn durch.

Ton und Gebärde: Gefühle direkt ausdrücken

Sprache ist zum einen ein sehr differenziertes Ausdrucksmittel, zum anderen kann sie aber auch versagen – insbesondere in Augenblicken großer Emotionalität. Dann sind wir »sprachlos« vor Verblüffung, Wut, Enttäuschung ... und können mit Sprache nicht oder nur unzureichend ausdrücken, was wirklich in uns vorgeht. Hier hilft eine nonverbale Ausdrucksweise wie Musik, Singen, Chanten oder Tönen.

Wenn Sie schon einmal in einem Chor gesungen haben, wissen Sie, dass nur dann Harmonie entsteht, wenn alle im richtigen Augenblick gleichzeitig einsetzen, wenn jeder auf den anderen achtet und nonverbale Signale wie beispielsweise das Luftholen wahrnimmt.

In der Natur läuft die Kommunikation meist ohne Worte, dafür größtenteils über Geräusche und Töne ab: Der Wind heult, die Bäume knarren, Blitze krachen, Bäche murmeln; Vögel zwitschern, Löwen brüllen und auch Wölfe heulen. Die Kommunikation zwischen Menschen scheint dagegen weitgehend auf Worten zu basieren, doch das ist ein Trugschluss: Beim Verstehen einer Botschaft entfallen nur fünf Prozent auf deren Inhalt, 25 Prozent auf die begleitende Gebärde und satte 70 Prozent auf den Tonfall! Das können wir uns zunutze machen, wenn wir uns in Stimmungen befinden, die wir verändern möchten – mit der folgenden Übung. Sie brauchen dafür etwas Zeit, die Sie ungestört und allein verbringen können.

Schimpfen und Klagen

Erlauben Sie Ihren Händen, diejenigen Gebärden auszuführen, die der schmerzhaften oder verärgerten Stimmung entsprechen. Sie können sie beispielsweise zur Faust ballen. Lassen Sie Töne kommen, die die Gebärden untermalen: Brummen, Knurren, Wolfsgeheul, Fauchen etc.
Experimentieren Sie jetzt auch mit verschiedenen Gesichtsausdrücken: Fletschen Sie die Zähne, schneiden Sie Grimassen, blicken Sie von oben herab, lassen Sie die Augen vor Zorn sprühen etc.
Probieren Sie nun verschiedene Körperhaltungen aus, die Ihre Gefühle und Stimmungen auszudrücken vermögen: Richten Sie sich auf, machen Sie sich größer, drohen Sie etc. Welche Bewegungen und Gebärden würde Ihr Kinoheld in einer ähnlichen Situation machen?
Finden Sie noch mehr Töne, bis sich Gebärden und Laute gegenseitig beeinflussen und stimmig werden. Führen Sie die Übung fort, bis Sie zum Abschluss bereit sind, die Töne und Gebärden verebben zu lassen.

Loben und Preisen

Wechseln Sie die Stimmung, indem Sie jetzt Gebärden und Laute von Vergebung, Nachsicht, Dankbarkeit, Lob oder Freude machen. Am Anfang wird Ihnen dieses Umschalten sicherlich Schwierigkeiten bereiten. Wenn Sie jedoch so denken, als ob, und so tun, als ob, werden Sie bald auch so fühlen, als ob.
Die Zeit des Grimms lassen wir vorüberwehen. Die dunklen Wolken verziehen sich! Strecken Sie die Hände in einer hin- oder weggebenden Gebärde von sich, um das Alte zu entsorgen. Begleitet werden kann das mit Seufzern voller Erleichterung und Befreiung.

Danach können die Gebärden und Töne freudiger werden und ihre Lebendigkeit steigern. Wenn es Sie in den Beinen juckt und diese ein paar Tanzschritte zur Lieblingsmusik wagen wollen, so geben wir uns dem gern hin. Durch die Schwingungen der Laute und die Bewegung des Körpers werden mehr und mehr Endorphine freigesetzt, sodass wir uns in Freude hineinsteigern können, um dann langsam wieder zum Normalmodus zurückzukehren, während wir uns die gute Laune noch lange konservieren. Was nehmen Sie jetzt wahr, das vorher nicht bemerkt wurde? Was nehmen Sie mit zurück in den Alltag?

Erinnerungen erfühlen

Bei dieser Übung wenden Sie sich Ihren Gefühlen zu, indem Sie positive Bilder aus Ihrem Gedächtnis nutzen – sogenannte Ruhebilder, die angenehme Erinnerungen wachrufen und Sie in eine positive Stimmung versetzen. Nehmen Sie eine für Sie angenehme Haltung ein und vertiefen Sie sich wie gewohnt in Ihre Atmung. Was geschieht mit Ihnen, wenn Sie sich

Wutzettel

Taucht das Gefühl der Wut, das mit einer bestimmten Situation verbunden ist, immer wieder auf, können Sie es auch mit folgendem kleinen Trick probieren: Schreiben Sie Ihre Gefühle auf mehrere Zettel und zerknüllen Sie diese. Konnte Sie das noch nicht beruhigen, werfen Sie die Zettel auf den Boden und kicken Sie sie herum, bis sie alle in der Ecke beim Papierkorb landen. Dann werfen Sie die Zettel weg. Spüren Sie anschließend nach, wie weit Ihr Zornpegel gesunken ist.

– nach einigen Basisatemzügen (siehe S. 15ff.) – an eine Situation erinnern, in der Sie mit Ihrem Leben völlig zufrieden, erfüllt und glücklich waren? Lassen Sie Bilder aus Ihrem inneren Archiv aufsteigen und sehen Sie sie an. Können Sie sich darauf einlassen? Dann nehmen Sie sich die Muße. Was hat Sie berührt? Was hat gewirkt? Was hat sich verändert?
Vielleicht können Sie die Gefühle von Zufriedenheit und den Gedanken »Alles ist gut so, wie es ist« wieder aufrufen und darin verharren. Vielleicht bedauern Sie bei dieser Erinnerung aber zu sehr, dass Sie die gute Stimmung jetzt vermissen. Dann sollten Sie die Übung zu einem späteren Zeitpunkt erneut ausprobieren.

Schmerz begegnen

Es gibt einen schnellen Weg aus dem Schmerz, der aber nicht an den Ursachen rührt: Die Medizin hält Medikamente für den Schmerz bereit und verteilt Beruhigungsmittel gegen die Angst. Lindernd bei Rückenschmerzen wirken Bewegung und Physiotherapie. Eine grundsätzliche Auflösung der Kausalkette Anspannung – Angst – Schmerz gelingt aber auch durch Psychotherapie und Meditation.

Erzwungene Ruhephasen

Manchmal erzwingt die Natur das Meditieren! Vielleicht braucht die Natur das. Jedenfalls erlegt sie Menschen lange Perioden von Ruhe und Erholung auf; andere immobilisiert sie ständig. Phasen von Krankheit und Handicap sind (un-)freiwillige Ruhephasen. Die Tagperson möchte diese Zeiten am liebsten für Weinen, Wehklagen und Selbstmitleid missbrauchen. Stattdessen können wir diese erzwungene Zeit der Ruhe mit Sinn füllen.

Was liegt da näher, als zu meditieren und mit den Basisatemzügen (siehe S. 15ff.) zu beginnen. Jede Krankheit beinhaltet auch die Chance, sein Leben zu überdenken und gegebenenfalls zu ändern. Natürlich wollen wir das Weinen nicht verbannen – wir brauchen auch Phasen echter Trauer, nach denen wir den Schicksalsschlag schließlich verabschieden und irgendwann auch loslassen können.

Akuter Schmerz

Wann immer ich mit Schmerzspezialisten spreche, bekomme ich zwei völlig unterschiedliche Antworten: Die einen sagen, man solle tief und bewusst in den Schmerz eintauchen, denn er sei bloß Energie und ließe sich transformieren. Die anderen befürworten Ablenkung und schlagen vor, sich bei akuten Schmerzen auf eine Körperstelle zu konzentrieren, die vom Schmerzort möglichst weit entfernt ist, bei Zahnschmerzen also beispielsweise auf den großen Zeh.

Tatsächlich habe ich neulich bei der Zahnreinigung mittels Basisatmung den Schmerz voll angenommen. Irgendwann wurde er auch nicht mehr schlimmer, er hatte sein Maximum erreicht. Im Kopf sah ich gleißendes Licht; Licht aber sieht man – Schmerz würde man spüren. Irgendwo zwischen den beiden Empfindungen hatte eine Transformation auf der Ebene der Sinne vom Spüren zum Sehen stattgefunden.

Chronischer Schmerz

Detektive gehen Indizien nach, um den richtigen Täter zu finden. Folgen Sie mit mir der Spur, die vom chronischen Schmerz auf die auslösenden, akuten Schmerzattacken verweist, die im Nervensystem eine breite Autobahn für die Schmerzsignale gebahnt haben: Auf diesen kann der Schmerz dann sehr schnell sehr weite Wege zurücklegen. Dabei unterscheidet der Organismus nicht mehr zwischen körperlichem und psychischem Schmerz.

Auch unterscheidet unser Körper nicht zwischen echtem und eingebildetem Schmerz. Schon der Gedanke an eine peinliche Situation lässt uns zusammenzucken und macht die Schmerzautobahn frei. So gesehen sind chronisch gewordene Schmerzen eine »Meinung«, die sich Ihr Verstand über eine bestimmte Körperregion gebildet hat. Diese Meinung schafft die Erwartungshaltung, dass der Schmerz jederzeit wieder zuschlagen könne. So finden wir als Detektive auf dem Grund des chronischen Schmerzes seinen nächsten Auslöser: Angst!

Wenn wir das, was uns vor realer Gefahr warnt, als Furcht bezeichnen, ist Angst etwas, das sich hypothetische Situationen – was wäre wenn …? – ausmalt. Weil Angst aber vor sich selbst Angst erzeugt, der Körper jedoch nicht begreift, dass sie nur virtuell ist, kann er drei Wege einschlagen: Kampf, Flucht oder Erstarren. Das Erstarren bringt wiederum drei Aspekte mit sich:

- 1. Mit jeder Drehung des Angst-Hamsterrads steigen An- und Verspannung, bis man tiefgefroren ist.
- 2. Angst löst den Fluchtreflex aus. Also läuft jeder lieber vor ihr davon, als die Angst genau in Augenschein zu nehmen und sie als bloße Einbildung zu entlarven. Paradoxerweise kommt man dabei aber dennoch nicht vom Fleck. Nur das Tempo der Gedanken wird immer höher: Angst vor der Angst führt zu Panik. Oft läuft dieser Prozess lange unterschwellig im Unbewussten ab, bis er als Panikattacke plötzlich ins Bewusstsein tritt.

3. Bei jedem Gedanken an Gefahr werden die Fäuste geballt, der Nacken wird eingezogen, man schnappt nach Luft, und es wird eine ganze Kaskade von Stressantworten ausgelöst: Herzschlag, Blutdruck und Blutgerinnung steigen, die Verdauung wird gestoppt. Wird diese Kaskade nicht umgehend wieder abgeschaltet, können die Detektive chronische Schmerzen in Muskeln und Gelenken aufspüren, hohen Blutdruck und Herzüberbelastung diagnostizieren und Magen-Darm-Probleme feststellen.

Schmerzen verdünnen

Chronische Schmerzen wie z. B. Rückenschmerzen lassen sich mit Visualisationen besänftigen. Bei der folgenden Übung – Sie finden sie auch auf der beigefügten Audio-CD – geben Sie den Schmerzen die Möglichkeit, sich durch Expansion, durch Ausdehnung, zu verdünnen. Machen Sie es sich gemütlich und schaffen Sie mit einer Basiseinheit (siehe S. 17f.) einen entspannten Rahmen für sich selbst. Bringen Sie Ihr schon seit Langem schmerzendes Körperteil in den Fokus, indem Sie sich vorstellen, es mit einer Taschenlampe anzuleuchten oder den Suchstrahl des inneren Auges darauf zu richten. Sie können es mit einem imaginären Zeigefinger berühren. Haben Sie Kontakt zu der chronisch schmerzenden Stelle aufgenommen, dirigieren Sie Ihre Ausatmung in freundlicher Absicht in

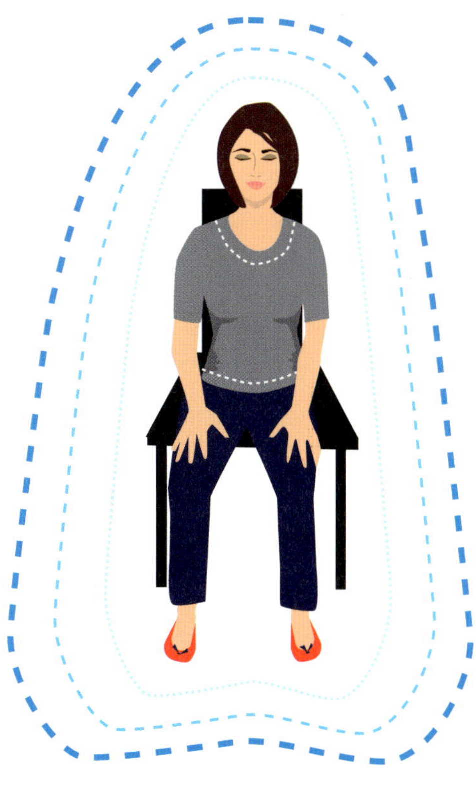

diese Richtung. Vermögen Sie, dort zu verweilen, auch während der Pause? Jeder folgende Atemzug expandiert und verdünnt nun die Empfindungen an der Stelle, die jetzt Ihre liebevolle Aufmerksamkeit bekommt. Ausatmung und Pausen geben dem Gewebe die Gelegenheit, sich auszubreiten. Dabei geschieht Folgendes:

- Es kann loslassen, was immer es wegschicken möchte.
- Es verdünnt, was bisher verhärtet und kompakt erschien.
- Es lässt den Raum zwischen den einzelnen Zellen weiter und immer weiter werden.
- Es entlässt Farben und Substanzen, die dort gelagert haben mögen.
- Es lagert immer mehr Licht- und / oder Luftpartikel in die Zwischenräume ein.

Das Gewebe könnte nun immer heller, immer luftiger, immer leichter werden. Sogar das Innere der Zellen verlöre an Kompaktheit, es würde durchscheinender und durchsichtiger. Angenehme Farben könnten den neuen Zustand untermalen: ein kühlendes Blau oder ein wärmendes Rosa. Auch heilsame Klänge und Empfindungen von Sorgsamkeit und Zuneigung mögen sich einstellen, heilende Substanzen wie goldener Honig oder lindernde Salben verwöhnen.

Wenn Sie zulassen, dass sich das ganze umliegende Körperareal positiv umstimmt, welche neuen Erkenntnisse entstehen dann? Könnte mit jeder neuen Welle von Leichtigkeit, Weite, Verdünnung und Expansion die Autobahntrasse von der Natur zurückerobert werden? Können auf ihr Gräser und Blumen sprießen? Können dort Schafe weiden oder Kaninchen hoppeln?

Noch lange darf Genesung nachklingen, strahlen und abkühlen, auch wenn die Übung längst ihr Ende gefunden hat. Denn Sie zählen nun von 1 bis 10 aufwärts, dürfen sich ab der 5 bewegen, sich recken und strecken und die Augen öffnen, um bei 10 wieder in dem anzukommen, was wir gemeinhin als Realität bezeichnen.

Schlussbemerkung

Sie haben nun verschiedene Alltagssituationen kennengelernt, in denen Meditation hilfreich sein kann. Schon ein paar Basisatemzüge können Ihnen dabei helfen, gelassener zu werden, sich selbst aus der Distanz zu betrachten, auch einmal über sich schmunzeln zu können, die Gedanken zu klären und damit auch klarer zu sehen. Doch Meditation hat einen weiteren sehr wichtigen Aspekt: Durch sie können wir uns ganz fühlen, eins mit uns selbst, mit unseren Mitmenschen, mit unserer Umwelt, mit dem Universum. Durch sie können wir lernen, was Zufriedenheit bedeutet – mit unserem Körper, unseren Gefühlen und Stimmungen, unserem Verstand, unserem Geist. So finden wir unseren wahren Selbstwert und können uns als körperlich gesund, emotional reich, gedanklich kreativ und intuitiv inspiriert ganz annehmen.

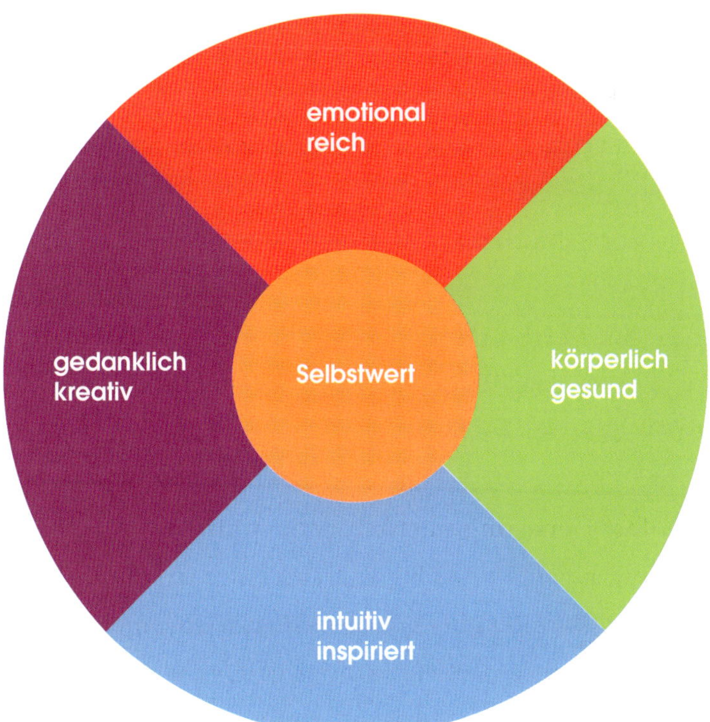

Dabeibleiben: Das 21-Tage-Programm

Um langfristig in den Genuss der Vorzüge des Meditierens zu kommen, ist es wichtig, die Übungen regelmäßig durchzuführen und sie so oft wie möglich in den Tagesablauf zu integrieren. Am besten geben Sie sich selbst gegenüber das kleine Versprechen, regelmäßig dabeizubleiben. Auch und gerade für Vielbeschäftigte ist es sehr nützlich, sich immer wieder einmal etwas Gutes zu tun. Deshalb bietet dieses Buch zum Abschluss ein Bonusprogramm!

Geben Sie jeder Übung einen Bonuspunkt. Jedes Mal, wenn Sie eine Übung gemacht haben, haben Sie einen Bonuspunkt gesammelt. Wenn Sie sieben Bonuspunkte zusammen haben, dürfen Sie sich eine Belohnung gönnen, etwa einen Saunabesuch, einen Stadtbummel, eine schöne CD oder einen Kinoabend.

Zusätzlicher Anreiz

Einen zusätzlichen Anreiz bietet das 21-Tage-Programm: Dafür üben Sie an mindestens 21 Tagen im Monat die Basiseinheit (siehe S. 17f.) ein. Das Programm schaffen Sie problemlos in einem Monat, vorausgesetzt natürlich, Sie halten die meditationsfreien Pausen knapp. Bei den zusätzlich gesammelten Bonuspunkten lässt die nächste Belohnung nicht lange auf sich warten.

Natürlich dürfen Sie die Übungen auch nach dem 21-Tage-Programm fortführen; so kann Meditation zum persönlichen Begleiter in Ihrem Leben werden. Ihre Belohnung besteht dabei zunehmend aus den angenehmen neuen Gewohnheiten, die Sie sich nebenbei und mit geringem Zeitaufwand aneignen.

Doch vergessen Sie nicht: Auch wenn das Buch den Eindruck erweckt, Meditation sei lehrbar und erlernbar, bleibt sie doch immer eine Gnade. Dieser eine Atemzug, dieser eine, stimmige Augenblick – das kann niemand »machen«.

Register

ISBN 978-3-8094-3687-4

1. Auflage

Hinweis
Die Ratschläge/Informationen in diesem Buch sind von Autor und Verlag sorgfältig erwogen und geprüft, dennoch kann eine Garantie nicht übernommen werden. Eine Haftung des Autors bzw. des Verlags und seiner Beauftragten für Personen-, Sach- und Vermögensschäden ist ausgeschlossen.

Projektleitung: Sarah Gast
Projektkoordination dieser Ausgabe: Birte Dittmann
Bildredaktion: Annette Mayer
Layout, Satz und Illustrationen: vm-grafik, Veronika Moga, München
Umschlaggestaltung: Atelier Versen, Bad Aibling
Lithografie: JournalMedia GmbH, München
Herstellung: Reinhard Soll
Druck und Verarbeitung: Alcione, Trento

Printed in Italy

579088990113

MIX
Papier aus verantwortungsvollen Quellen
FSC® C021956
FSC www.fsc.org

Verlagsgruppe Random House FSC® N001967